北海道日本ハムファイターズの
食事術

選手が育つ「食事」の秘密 **改訂版**

日本ハム株式会社

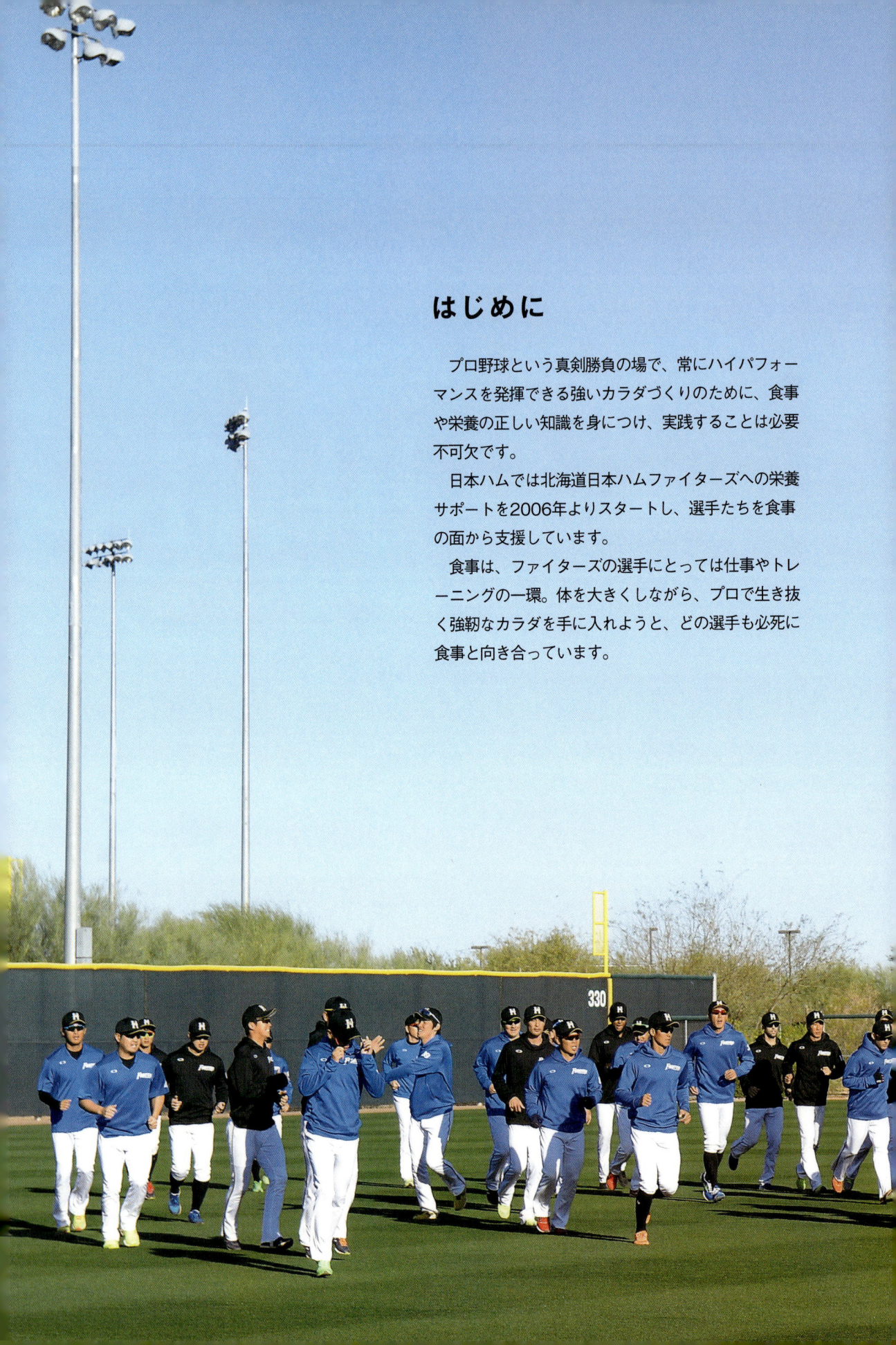

はじめに

　プロ野球という真剣勝負の場で、常にハイパフォーマンスを発揮できる強いカラダづくりのために、食事や栄養の正しい知識を身につけ、実践することは必要不可欠です。

　日本ハムでは北海道日本ハムファイターズへの栄養サポートを2006年よりスタートし、選手たちを食事の面から支援しています。

　食事は、ファイターズの選手にとっては仕事やトレーニングの一環。体を大きくしながら、プロで生き抜く強靭なカラダを手に入れようと、どの選手も必死に食事と向き合っています。

本書では、実際に選手にも食にまつわるたくさんの
エピソードを語ってもらい、ご紹介しています。プロ
野球選手を目指す子どもたち、指導する監督・コーチ、
そして見守り支えるご家族、周囲の方々の日々の生活
の中にも、とり入れていただければ幸いです。
　そして、強い体を維持することは、プロアスリート
に限ったことではありません。
　すべての人にとって生きていくために続いていくも
のです。
　本書を通して、おいしさの感動と健康の喜びのお役
に立てることを願っております。
　　　　　　　　　日本ハム株式会社

北海道日本ハムファイターズの
食事術
選手が育つ「食事」の秘密 改訂版

©H.N.F.

Part 3

カラダをつくる栄養素＆
強くなるための工夫
―高いパフォーマンスを発揮するために必要なこと

Part1 選手たちの 強いカラダづくり

— プロの体は、こうしてつくられる！

NISHIKAWA HARUKI
西川遥輝

今や球界屈指のスピードスターとなった西川選手の体づくりは、
どのようになされたのか。「すべては野球のために」と、
食べることに対する姿勢は、勉強熱心で真面目の一言に尽きる。

何度もやめようと思った
少年時代

　父親が野球をやっていた影響で、物心がついたと
きから手もとにボールとバットがあったので、小学
校1年生には地元の野球クラブに入っていました。
とにかく子どもの頃から、野球も勉強も、何に対し
てもメチャメチャ負けず嫌いで、一度、小学校のマ
ラソン大会で3位になったのが悔しくて、母親に「負
けた」とべそかいたことを憶えています（笑）。

　体格は、身長はわりとあるほうでしたけど、やせ
型でした。小学校からほぼ練習漬けの毎日だったの
で、野球が本当にしんどくて、何回もやめようと思
ったことはありました。しんどい思いまでして続け
なくてもいいかなと何度も考えたのですが、でも、
やめたらそのしんどいということさえ感じることも
なく、ただ毎日が過ぎていくような気がしたので。
今思うとやっぱりやっててよかったなと思います。

食にここまで
こだわらなかったら
今の自分はなかった。

プロを意識しだしたのは高校1年の終わりあたりから。野球を仕事にすると決めてからは、やめたいとも思わなくなりましたね。

高校のときはまだ食に関しては何のこだわりもなくて、食べる時間があったら寝たいと思っていました。食欲が落ちる夏は、流動食でもいいぐらいに考えていましたから（笑）。だから体重も増えなかったし、夏バテもするし、体調面は万全とはいえませんでしたね。水分もたくさんとるし、それでお腹が膨れてしまって食べ物が入らない、悪循環でした。

プロで芽生えた
食への意識

食べることが大事と感じるようになったのは、やっぱりプロの世界に入ってからです。入団してみると、まわりの人は体が大きいし、試合数も一気に増えるので、まずはそれに耐えられる体じゃないといけない。今までどおりの食生活では乗り切れないと思ったのがきっかけです。

最初にとり組んだことは、自分に必要なエネルギー量を把握し、ごはんもおかずも「量」を増やすことでした。時間があれば、おにぎりなど、何でも口に入れてお腹を空かせない状態を作っていました。体を大きくするために。

ここ数年は体重が減ることもなくなって、それはやはり食生活が安定したことが大きいです。体のことを勉強すると、おのずと「食」に行き着きます。食事にも目を向けられるようになってからは、野球という仕事に100％注力できるようになりました。

プロで生き抜くために
必要なこと

ファイターズは管理栄養士さんがチームについているので、質問したり、トレーナーさんにもよく相談しています。「これは何ですか？　何がいいんですか？」と、まるで好奇心旺盛の子どもみたいに（笑）。

試合の日は、遠征でホテル生活も多いので、食事はだいたいバイキングです。そうすると何も考えずに好きなものだけとることもできる。でもぼくは、自分の体に良いものも意識して食べるようにしています。野菜もそうですし、納豆が大好きなので必ず食べます。一日の食事を後悔したくないので。

プロになって、「食」にここまでこだわらなかったら、今の自分はなかったと思います。肉離れなど、けがが少なくなってきたことも食事のおかげだと思っています。

「なぜ食にこだわるの？」と聞かれたら、すべては野球のためですね。だから、ぼくにとっては、食べることも仕事です。

西川選手の食事はカラフルでボリュームがあり、理想的な組み合わせができています。後輩選手の手本ですね。育成時代から体調管理表の記入率がよかった選手の一人で、食事の栄養情報を説明するとき、資料にペンで線を引きながら聞いた選手は、ほかにはいません！

八巻法子（管理栄養士・日本ハム）

食べることも、ひとつのトレーニング。

FIGHTERS

NAKASHIMA TAKUYA

中島卓也

俊足巧打のプレースタイルを支える、
均整のとれた体躯。中島選手の体づくりは、
体のトレーニングだけではない。
その入念な準備は食べることから始まっている。

お米だけでは体はつくれない

子どもの頃は外で遊ぶのが大好きでした。公園で友だちと遊んだり、父親と野球をしたり。その影響で野球を始めて、チームに入ったのは小学校3年生頃です。

高校時代は、体が細かったので、家に帰って、どんぶりめし3杯を食べるという毎日でした。練習で疲れていたので、寝ながら食べていたことも。母親によく叱られました（笑）。あのときは食べることが、とにかく苦しかった記憶があります。

食事を意識するようになったのはプロに入ってからです。それまでは、ひたすら米を食べればいいと思っていましたが、入団後に管理栄養士さんのサポートを受けて、おかずをしっかり、いろんな種類をとって体ができることを学びました。

ときどき管理栄養士さんに食事の栄養計算をしてもらい、食事量が足りているかチェックもしながら意識して食べるようにしてから、体は大きくなったかなと思います。トレーニングのおかげもあると思いますが、やっぱり食事の影響は大きいです。

食べることが楽しいと感じるのは、プライベートで外食して、お酒を飲みながらワイワイ楽しく食べ

る時間ですね。好きなものはやっぱり牛肉。ごはんと一緒に食べるのが最高です。

準備すること、食べること

　特にゲンかつぎとかはないですけど、準備の時間は大切にしています。試合前はダッシュやストレッチをして、体と心の準備を整えてスムーズにゲームに入っていけるようにスイッチを入れます。しっかり準備をしていれば、もしミスしてしまったとしても他の原因を考えられるからです。

　ぼくにとっては、食べることも大切な準備のひとつだし、トレーニングだと思っています。だから試

合前の準備と同じくらい食べることに妥協はしません。それがプロアスリートとしてのぼくの使命だと思っています。

> 中島選手は、食事（体づくり）もコンディション管理も地道にコツコツやるタイプ。入団以来、毎年確実に筋量が増え続けています。まだ鎌ケ谷の寮にいた頃、栄養指導が終わってすぐに、タクシーに乗って１軍に出発した日のことを今でも鮮明に憶えています。

八巻法子（管理栄養士・日本ハム）

しっかり量を食べることが強い体づくりの秘訣。

KONDOH KENSUKE

近藤健介

抜群の選球眼と打撃センスで、
ヒットを量産し続ける近藤健介選手。
最大の課題である
"故障しない体づくり"を目標に、
意欲的に食にとり組む毎日だ。

シーズン中とオフシーズン、どちらも高い意識が必要

シーズン中は、毎日試合が続くので、なるべく疲れを残さないようにするためにも、食事は消化のよいものを心がけています。

野菜は大好きですし、栄養バランスもよくなるので、毎食とるように意識しています。生ものも好きなのですが、シーズン中は我慢したりしています。もともと体重が増えやすい体質なので、運動量が減るオフシーズンは、どうしてもオーバーぎみになるんです。だからオフシーズンには、量に気をつけながら食事をとるように心がけています。

自分でたてた目標に向かって

高校までは好きなものを好きなだけ食べていましたが、ファイターズに入団してから先輩たちの食生活を見て、プロとしての「食」に対する意識の高さに驚きました。やはり、ただ好きなものを好きなだけ食べているのではダメだなと感じました。

けがで手術をしたこともあり、今は特に1年間戦える体づくりということを意識して、食に対してより意欲的にとり組んでいます。

まわりを見ても、そもそも量を食べられない選手は、けがも多く故障しがちという印象を受けるので、まずはしっかり量を食べることと栄養バランスのよい食事が大事だと思っています。

細身でもしっかり食べている選手は、やっぱり体も丈夫だし、よく動けています。食事が根本的な体の強さの要なのだと思います。

いくらトレーニングをしても、エネルギーが足りなければ強い体はできません。それを補うだけの栄養は、やっぱり食事でとらないとダメだと思っています。サプリメントより、食材・食品でとることが大事だと思って今日も実践しています。

近藤選手は育成対象の2013〜14年オフのとり組みでは、目標数値まで体重を落とし、トレーニングをがんばったことで除脂肪体重アップ。オフの間も朝の体調管理表の記入を続け、行動目標もその多くを達成できていました。自ら考え行動し、努力を継続できる選手だと思います。
2017年の故障時には、自分で本を購入して、熱心に栄養の勉強をしていました。育成期間はすでに終了していましたが、入院先から電話で依頼を受けて、面談をしたことが印象に残っています。

八巻法子（管理栄養士・日本ハム）

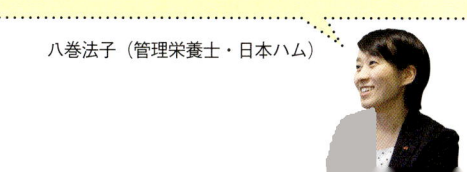

食べることは、未来への準備。

TANAKA KENSUKE

田中賢介

「20代から食の意識を変えてとり組んできた結果、今の自分がある」と語る田中選手。
結果を残し、なおかつ続けるためには、
「まずは食から」というベテランの言葉は重い。

つらかった高校時代の「食トレ」

野球は、小学校2年生のときに兄の影響で始めました。少年野球当時、左打ちで全然打てなくて、ある日右打ちに変えようとしたら父親に「中途半端にしか出来ないならやめろ」と怒られたことは、今でも記憶に残っています。今となっては変えなくてよかったなと（笑）。

高校からはプロに行くことを意識して練習していました。入学したときは体重が54kgしかなくて、75kgの目標に向けて、よく食べて、よくトレーニングをして、体重を必死に増やしました。お腹いっぱいの状態から食べるのがつらくて、口を手でおさえながらよく詰め込んでいました。

野球を続けるための「食」

プロに入ってからは、長い期間試合に出続ける体力と、1年単位でなく何年も続けて野球をすることが重要になるので、量より質を高めることに切り替えました。

「1年間野球をしっかり続ける」、「結果を残し続ける」、そして、「この先も野球をやり続ける」には、食をしっかり考えないと、野球選手としてやっていけないと感じたので、真剣に勉強するようになりました。若い頃は自分で勉強したり、栄養士さんに教えてもらいながら妻に伝え、食事のとり方やタイミングなど工夫しました。今はもう結婚して長いので、妻のほうが詳しいくらいです。

食事は、なかなかすぐに表に現れるものではないですが、日々の積み重ねが先々に影響してきます。

今、この年齢になって思うのは、同年代の選手が現役引退していく中、ここまで野球をやり続けられているのは、食があったからこそだと思います。ぼくにとって食べることは、未来への準備です。

田中選手は、若い頃から、「メジャーに行くための食事」についてのアドバイスの要望があったほど、食事に熱心な選手です。今は、若手の選手が一緒に食事をして自分のコンディションを伝えると、「じゃあ○○と○○をとってこい」と具体的なアドバイスをしてくれるそうです。すごい！

八巻法子（管理栄養士・日本ハム）

365日、食べることは、生きること。

SUGIYA KENSHI

杉谷拳士

両打ちの確かなバッティング技術を持ち、強肩、俊足。
内外野すべてのポジションをこなせる
まさに野球の申し子・杉谷選手。
チーム一の元気印の源は、食べることから始まっていた。

ピッチャーが憧れだった
少年時代

父親がプロボクサーというスポーツ一家に育ったので、小さい頃からサッカー・水泳などいろいろなスポーツをやっていました。ただ、兄が野球をやっていたので、最終的に自分も野球を選択したんです。

ずっと友だちには恵まれていて、まわりが楽しい同級生ばかりだったので、今の自分も子どもの頃の性格のまま大人になっちゃったのかなと思います（笑）。

野球を始めたときは、本当はピッチャーをやりたかったのですが、なぜか元気がいいという理由でキャッチャーをやっていました。"このままキャッチャーやっていたらテレビに映らないなぁ"と幼いながらに思っていました（笑）。

高校では1年の夏から甲子園にショートで出場させてもらい、智弁和歌山と準々決勝で対戦しました。9回表のツーアウト満塁で、ぼくのヒットで逆転したのですが、ピッチャーに代打を出したことからその裏に投げる選手がいなくなってしまったんです。そこで念願のピッチャーが回ってきたのですが、1球目でデッドボールを当ててしまい交代になり、そのまま敗戦投手になってしまいました。監督から試合後に「このまま3年間、重い十字架を背負っていくんだな」と言われたことを今でも鮮明に憶えています。ただテレビに映りたいだけじゃダメなんだと、野球の本当の怖さを思い知った瞬間でした。

高校時代は、食事の面ではつらかった思い出があ

ります。昼食で「お弁当3合めしルール」というのがあって、線が細かったぼくには、それがきつくて、毎日泣きながら食べていました。食べるっていうことが、野球の練習よりも苦しかったです。

自分の体と向き合うこと

今は、シーズンオン、オフ関係なく、休みの日でも同じ時間に起きるようにして、必ず朝食もとり、一日3食以上食べるように心がけています。

育成の期間中は、毎日体重をはかって体調管理表をつけていたのですが、けがをしたときに改めてつけ直してみたら、明らかにベストな状態のときとかけ離れていたのです。これじゃあ思うように体は動かないはずだと感じて、トレーニングや食事を見直すことにしました。長く野球をやっていくためにも、自分の体ときちんと向き合おうと思い、食生活を含めていろいろ意識するようになりました。それまでは、好きなものを好きなだけ食べていましたが、今ではいろんな食材をバランスよく選んで食べるようにしています。365日、食べるということは、生きていく上で一番重要なこと。ぼくにとって食べることとは、元気の始まりなのです。

杉谷選手は、育成対象のとき、オフ中の食事をよりよくするために、親御さんにお金を払って準備をしてもらっていました。送られてくる朝食の写真を見て、ホテルの朝食かと間違えるくらい！ 量はもちろん品数も多く、とにかく豪勢でした。食事や栄養に関する質問も多く、昔から勉強熱心で、コミュニケーションをよくとってくれる選手です。

八巻法子（管理栄養士・日本ハム）

いっぱい食べた中高生時代

　小学校まではサッカーをしていましたが、父親が野球好きで、プロ野球の華やかさはすごいなあと思ってテレビを見ていたんです。それに野球をやっていた兄の影響もあって、中学から野球を始めました。

　活発で体を動かすのが好きで、何をやるにも、こう動いたらどうなのだろうと、常に考えながら体を動かす子どもでした。自分の思う理想のフォームで投げたい一心で、プロ野球選手の映像を何回も見たり、気に入らない箇所を修正するために、毎日、家の前でタオルを持って、シャドーピッチングをした

りしていました。

　食事は、子どもながらに、たくさん食べられるのがかっこいい、体が大きいほうが強くなれると、よく食べましたね。その頃、思い描いていた体格には近づけたと思っています。でも欲をいえば190cmは欲しかったなぁ。高校時代は、体重を増やしたほうが速い球を投げられると思って、ごはんをよく食べました。牛丼屋さんで、特盛だけじゃ足りなくて並盛も頼んでね。今じゃとてもムリですけど（笑）。

食の知識を体づくりに活かす

　プロは、体が仕事道具なので、野菜も食べるよう

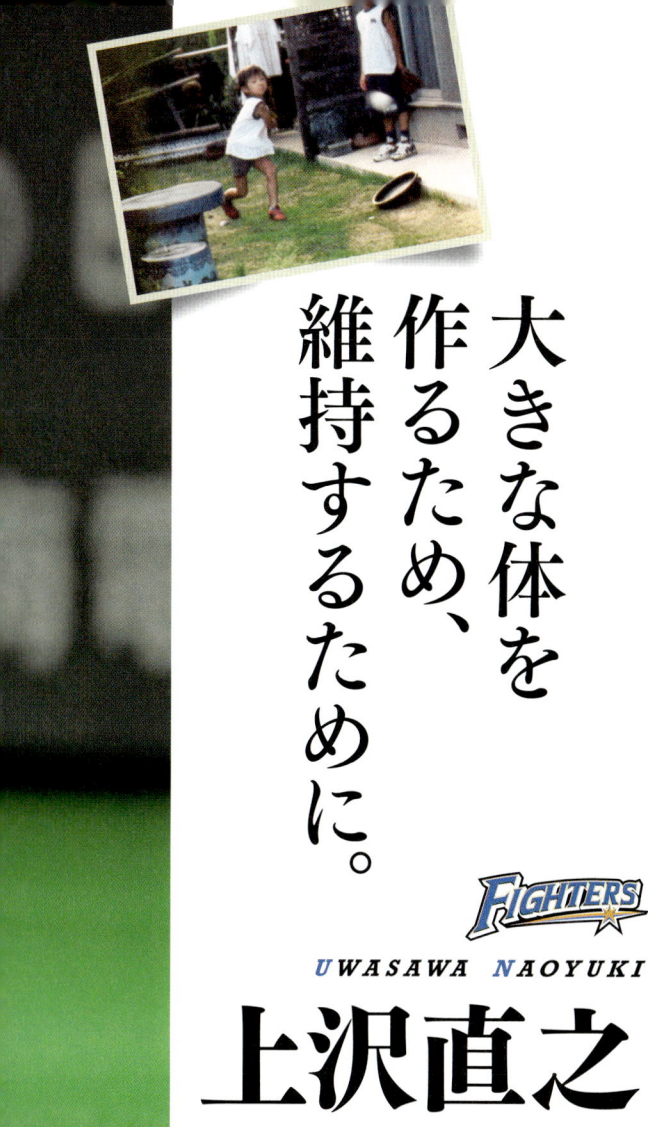

大きな体を作るため、維持するために。

FIGHTERS

UWASAWA NAOYUKI

上沢直之

その大きな体で、入団当初から
大器との呼び声が高く、今やファイターズの
エース格に成長した上沢投手。
食事とトレーニングで、
じっくりと体を鍛え上げたから今がある。

に意識しています。ファイターズでは入団時から栄養士さんの指導があって、食事バランスの知識を学ぶんです。たとえば、シーズン中はエネルギーを多く消費するので炭水化物を多めに、オフシーズンはウエイトトレーニングも増えるのでたんぱく質を多めに、といったことは常に意識しています。筋トレと食事のおかげで筋量が増え、体脂肪も減りました。ただ、100点満点で60点くらいかな。もっと筋肉をつけて、パワーアップしたいと考えています。

家庭でも、寮で学んだ栄養の知識を奥さんに伝えて料理してもらっています。もちろんぼくも手伝いますよ。餃子の皮包んだりして（笑）。

食事は楽しみですし、ストレス解消にもいいんです。それ以上に、プロにとっては仕事を続けるうえで大切です。ファイターズで安定して胸を張れる成績を残すためにも、食とトレーニングについては、ストイックに強い気持ちでとり組んでいきたいです。

> 上沢選手は、会うと笑顔で、こちらの名前を呼んで挨拶をしてくれる気さくな選手です。
> 体づくり、コンディション維持に熱心で、育成期間後の今も、身体組成・形態測定後には、じっくりとデータと向き合う姿が印象的です。

八巻法子（管理栄養士・日本ハム）

TAKAYANAGI SHOJI

高柳尚司

トレーナー。

「何のためのトレーニングか、選手自身が考え、行動する。
そうでなければ選手として自立することはできません」
高柳トレーナーは、自己管理の大切さを力説する。

"人としての成長"を見守り続ける。それがファイターズの育成術。

目標に向かって、やるべきことは何かをはっきりさせる

トレーナーの仕事は、球場やトレーニング場での選手の指導はもちろんですが、年間のトレーニング、コンディショニングメニューを作成し、選手のカウンセリングも行います。管理栄養士といっしょに食事面での指導を行うのもわれわれの仕事の一つです。特にファームは若い選手が多いので、トレーニング、体調管理、生活や食事の管理の基礎から教えます。1軍に行く準備として、まず自分がやるべきことは何かをはっきりさせて、シーズンの目標を決め、トレーナーと管理栄養士がそれを達成するために必要なプログラムを組むのです。そうして、体重や脈拍の変化など、選手一人ひとりの体調を数字で管理し、選手とコミュニケーションをとりながら、個々に合った指導をしています。

自分で考え、行動することが大切

ただ、指導といっても、上からおしつけるのではなく、選手自身が考えて行動しなければ、野球のスキルはもちろん、一人の選手として自立することはできません。「何のためにトレーニングするのか？」といった基本を常に考える。まずそこから学びます。
そうして選手が納得し、理解した上でトレーニングを行ってもらうことが大事です。相手は人間なの

で、思うようにいかない難しさもありますが、それが逆にやりがいでもあります。
プレーでチームに貢献することは大事ですが、人として成長することも大事です。そのうえでチームに貢献する。そういう選手が一人でも多く育ってくれたら嬉しいです。

たかやなぎ しょうじ
筑波大学大学院人間総合科学研究科体育学専攻修了。2013年より北海道日本ハムファイターズのトレーナー（コンディショニング担当）に就任。

自ら食事の管理ができる選手を育てる
栄養士によるサポート

「食事もトレーニングの一環」と位置づけるファイターズ。
選手の「食」を支える栄養サポートも大きな特色のひとつである。

選手の記録をもとにアドバイス

栄養サポートは、日本ハム株式会社 中央研究所に所属する管理栄養士が2名体制で実施している。主にファームである千葉県・鎌ケ谷市で、高卒4年目までと、大卒・社会人2年目までの総勢25名前後の育成期間の選手を対象に行っている。

栄養指導で目指すのは、育成対象から離れたとき、栄養士がいなくても自分でコンディションや目的に合わせた食事管理ができるようにすることだ。そのために、自分のコンディションを把握することが基本になる。選手は、毎朝、体重、脈拍、体温、トレーニングの有無、体の張りなどの情報を「体調管理表」に記録する（P106〜109参照）。

たとえば、脈拍が高いときは、疲労がたまっていたり、脱水を起こしたりしている可能性が高い。栄養士は、この記録を参考に、どのような情報を伝えたらいいのかを考えながら、栄養と食事のアドバイスを行っている。

毎月行う選手との面談。選手に合わせた食事や栄養情報を提供。

食事写真は有効なサポートツール

栄養指導の一環として行っていることに「食事の評価」がある。毎月の食事を評価するため、新人の選手には、1年間、定期的に食事の写真を送ってもらい、それをもとにエネルギー量やPFCバランス（P94〜95参照）を選手に説明している。「育成期間の選手には、筋肉量を増やしたいと願う選手が多いので食事量を十分にとること、また必要以上に体脂肪を増やさないためには、PFCバランスをコントロールすることが必要です」。

選手の多くは「炭水化物が少なくて、脂質が多い」という傾向にあるので、それをととのえるために、「ごはんは○グラム増やしましょう、揚げ物と炒め物は一緒にとらないようにしましょう」といった具体的なアドバイスを行っている。2017年からはじめたが、今では、欠かせないサポートツールとなっている。

プロの選手も、私たちと同じ一般的な食品を食べている

世の中にこれだけ多くの情報があふれていると、正しい情報、自分に必要な情報を得ることが逆に難しくなっている。選手たちの悩みも同様で、たとえば「○○が体づくりにいいって聞いたけど本当ですか？」と聞かれたときは、選手とともに考え、正しい情報を伝えることも栄養士の大切な役割となっている。

毎月の食傾向調査結果。数値をもとにアドバイスを行う。

　そうして身についた知識をもとに、栄養面にも配慮しながら食べている選手は、アスリートにとって必要な栄養素もとれている。

　「"食事はいいが、コンディションが悪い"という選手は見たことがない」と長年サポートを続けてきた栄養士は断言する。

　「彼らはなにも特別なものを食べているのではなく、私たちと同じ一般的な食品を食べて、あれだけの体をつくっているのです。気をつけて食事をとれば、しっかりとした体づくりができるということをまず覚えてほしい。特に中学から高校の年代は身体活動に必要なエネルギーに加え、成長に必要なエネルギーも必要です。そんな時期に食べることが嫌いになってしまうのはちょっと残念だなと思います。食べる力を養うのと同時に、おいしく食べる楽しみや習慣も身につけておくと強みになると思います」

　スマホで食事の写真を撮るだけで、AIが計算してくれる時代が来るのももうすぐだろう。今後は最新技術の活用も積極的に行いたいと、選手を支援する確かなサポート体制の確立を目指している。

キャンプの食事会場で、食事をチェック。

キャンプではチームに合流し、選手とのコミュニケーションをはかる。

栄養サポートの1年 ～新入団の1年をたどる～

選手育成の一環である、管理栄養士による栄養サポート。年間を通じ、どのように選手を支えているのかを追いました。

1月

新入団講習会から1年がスタート!

食事の基本や、体調管理表を記録するメリットを説明します。

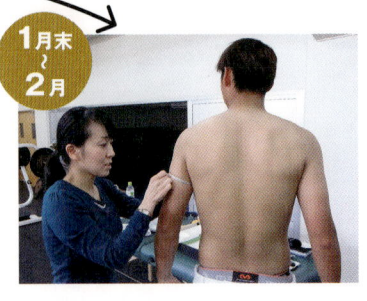

1月末～2月

春季の身体組成・形態測定

測定は夏季とオフ前にも実施し、年に3回行います。この結果から食事とトレーニングの効果を確認し、今後の食事・トレーニング計画作りに役立てます。

月に2～3回 鎌ケ谷の合宿所を訪問

／シーズンオフ!

11月

オフ前の講習会を開催

オフの体重コントロールやコンディション維持を助ける知識を伝えます。

6月

シーズンイン!

4月

新入団カウンセリングを実施

プロの生活に慣れてきた頃に栄養士、トレーナー、選手の三者で、初めてのカウンセリングを行います。三者が目標を共有しておくことで、これ以後連携やサポートがしやすくなります。

コンディション維持のための講習会を開催

実践につながるよう、実習をとり入れた内容で行います。

選手に聞きました!

Q

栄養サポートを受けての変化は?

最初はたんぱく質と脂質の区別すらできませんでしたが、栄養サポートを受けて増量のための料理を選ぶポイントがわかるようになりました。

高山優希選手

栄養サポートを受けてから、量より質を意識するようになりましたね。考えて食べることで、疲れがとれやすくなったと感じています。育成期間は終了しましたが、今でも体重をモニタリングしています。

吉田侑樹選手

月に2〜3回の
鎌ケ谷の合宿所訪問では、
こんなことをします！

面接や声がけで、選手の状況に合わせてアドバイス。トレーナーとの情報共有も行います。

 →  →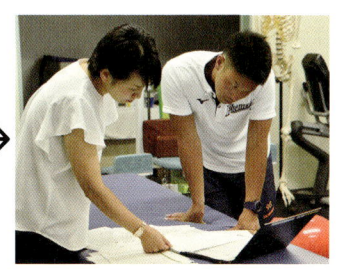

栄養士は、選手が毎朝つけている体調管理表のモニタリングデータを確認し、問題点を洗い出します。

モニタリングデータを元に面談を行い、数値変動が大きな選手、気になるメモを残している選手には、アドバイスをします。

選手のモニタリングデータや選手へ伝えたアドバイスはトレーナーと共有し、連携して選手のサポートに努めます。

選手に声がけをしてコミュニケーションをはかり、いつでも相談しやすい雰囲気作りを心がけています。

調理スタッフとの対話も大切にし、連携してサポートします。

目的別メニューボード（選手自身がコンディションに合わせて料理選びができるようにサポートするもの）の活用、新しいメニューなどを相談し、食環境をととのえています。

食事の量を落とさないことを意識するようになり、体重を毎日はかって記録する習慣もつきました。こうしたとり組みによって筋肉量が増え、プレーにもよい影響を及ぼしていると実感しています。

郡拓也選手

入団してから体づくりのためにはたんぱく質だけなく、糖質も一緒にとる必要があることを教わり、これまでは夕飯で米を抜くこともありましたが、トレーニング量に応じて食べるようになりました。

清宮幸太郎選手

Part 2 知っておきたい 食事の基本&レシピ

― 選手も大切にしている3つの「さん」

レシピの使い方と決まり

● 表記している栄養価は1人分で、PFC比（P94～95参照）も記載しています。そのおかず1品だけでPFC比をととのえるのは難しいので、ほかのおかずとの組み合わせ方を工夫しましょう。

● 材料表で「適宜」、「適量」と表記されているもの（つけ合わせや青みなど）は、1人分の栄養価に含まれていません。

● 大さじ1＝15ml、小さじ1＝5ml、1カップ＝200ml、1合＝180mlです。

● 電子レンジは500Wのものを使っています。600Wの場合は加熱時間を0.8倍にしてください。ただし、機種により異なる場合があるので、様子を見ながら加減してください。

● 卵はMサイズを使用しています。

● レシピの分量は基本的に2人分です。一部、作りやすい分量で表記しているところもあります。

● 材料の重量（g）は基本的に正味量（野菜の皮や根、魚の骨など、捨てる部分を除いた実際に食べる部分の量）です。

● 材料表にある1束、1/2個などの概量は目安です。

食事の基本は3つの「さん」！

ファイターズの選手は食事をとても大切にしています。
みなさんにも心がけていただきたい、選手が実践する食事の心がまえを紹介します。

食事をとるときには、3つの働きをそろえるようにしましょう。これらは、それぞれ主食、主菜、副菜を食べることでそろえることができ、次のような働きがあります。

「**主食**」は、エネルギーのもととなる

「**主菜**」は、体をつくるもととなる

「**副菜**」は、体の調子をととのえるもととなる

主食は、エネルギーのもととなる栄養素の炭水化物を多く含むごはん、パン、めんなどです。

主菜は、体をつくるもととなる栄養素のたんぱく質を多く含む、肉、魚、卵、大豆製品などのおかずです。

副菜は、体の調子をととのえるもととなる栄養素のビタミン、ミネラル、食物繊維を多く含む野菜、いも、きのこ、海藻などのおかずです。

この3つがそろうと、栄養バランスがととのいやすくなります。

1 3つの働きの食べ物をいろいろ食べる ➡ P30〜63

食事を抜いてしまうと、ほかの食事で1日の栄養をまかなわなければいけなくなります。特に成長期は、日々成長する体を作るためのエネルギー量、栄養素量をとる必要があります。しっかり食べるためには、朝・昼・夕、3回の食事を食べる習慣を身につけることから始めましょう。抜いてしまいがちな朝ごはんを食べることは、生活と食事のリズムをととのえることにつながります。

なお、競技のレベルが上がったときの体づくりのためには、3回の食事に加えて補食などを食べることもあります。

2 1日3回食べる ➡ P66〜77

ひとつの食事ができあがるまでには、とてもたくさんの人が関わっています。料理を作ってくれた人、食材を育ててくれた人、それを届けてくれた人、栄養バランスのよい食事メニューを考えてくれた人、体づくりのために役立つ栄養の知識を与えてくれた人、そして楽しい食事の時間を共にする人。さらには、食材そのもの、生命（いのち）の恵みによって私たちの体はつくられます。食事に関わる人、生命の恵みに感謝の気持ちを持って食べましょう。

感謝の気持ちは、心を込めた食事のあいさつ、食事に関わる手伝い、マナーを守って楽しく食事をすること、残さず食べようとすることで伝えることができます。

3 サンキューの気持ちを大切に食べる ➡ P78〜81

主食のごはんをしっかり食べよう

炭水化物はアスリートのパフォーマンス向上に必須です

「炭水化物」は、アスリートのパフォーマンスを考える上でとても大切な栄養素のひとつです。

炭水化物は、消化酵素で分解されてグルコース（ブドウ糖）の形で吸収されたあと、グリコーゲンという形で肝臓と筋肉に蓄えられます。肝臓に蓄えられたものは全身のエネルギー源になり、筋肉に蓄えられたものは筋肉のエネルギー源として必要に応じて使われます。

運動をするときは、筋肉に蓄えられた筋グリコーゲンを分解しながら、血糖もとり込み、エネルギー源として活用します。ですから、長時間の運動時のパフォーマンスを維持・向上させるためには、運動前にあらかじめ筋肉と肝臓に十分なグリコーゲン量を蓄えることが大切です。

キャンプ宿舎の食堂に並ぶ雑穀ごはん。

炭水化物摂取の基本は、主食をしっかり食べること

筋肉と肝臓に十分なグリコーゲン量を蓄えるためには、その材料となる炭水化物を十分にとることが必要です。炭水化物が豊富に含まれる食材は、米、麦、いも、果物、砂糖。1日の摂取エネルギー量のうち50〜60％を炭水化物からとることが目安です。

たとえば、1日の摂取エネルギーが2500kcalの場合、50％であれば1250kcal分。炭水化物の重量にすると313g相当になります。おにぎり1個分（100g）のごはんに含まれる炭水化物量は約40gですから、約8個は食べなくてはならない計算です。

炭水化物はいもや野菜からもとることはできますが、ごはんやパン、めんといった「主食」を十分に食べる必要があります。代表的な主食の特徴を右図にまとめたので、参考にしてください。

生活習慣病の予防の観点から考えると、食物繊維が豊富な麦飯、雑穀ごはん、玄米、全粒粉のパンなどをとり入れることもおすすめです。ファイターズの1軍でも、選手からのリクエストにこたえて、玄米や雑穀ごはんも準備されています。

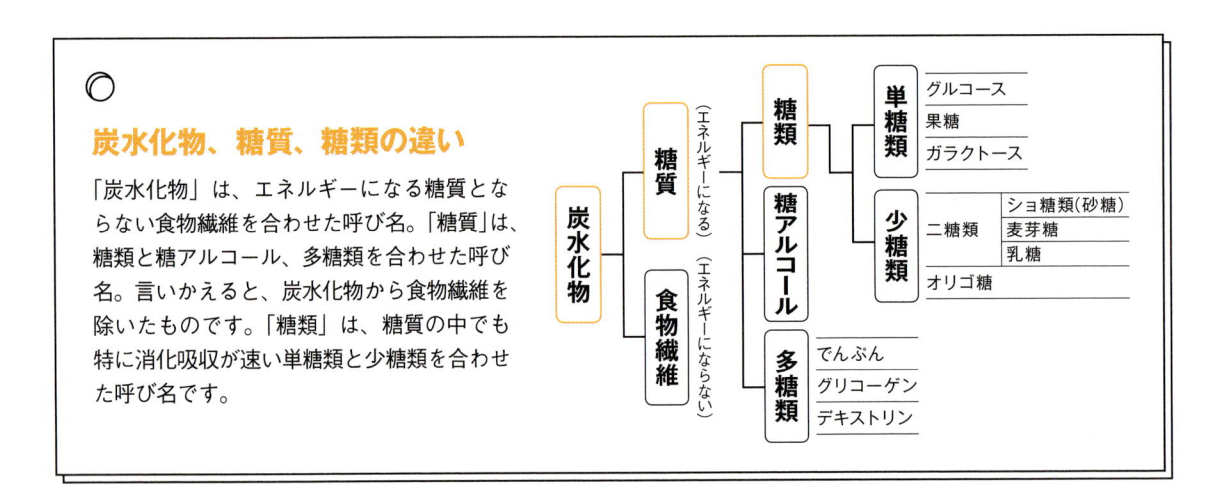

炭水化物、糖質、糖類の違い

「炭水化物」は、エネルギーになる糖質とならない食物繊維を合わせた呼び名。「糖質」は、糖類と糖アルコール、多糖類を合わせた呼び名。言いかえると、炭水化物から食物繊維を除いたものです。「糖類」は、糖質の中でも特に消化吸収が速い単糖類と少糖類を合わせた呼び名です。

炭水化物
├ 糖質（エネルギーになる）
│ ├ 糖類
│ │ ├ 単糖類 ― グルコース／果糖／ガラクトース
│ │ └ 少糖類 ― 二糖類（ショ糖類（砂糖）／麦芽糖／乳糖）／オリゴ糖
│ ├ 糖アルコール
│ └ 多糖類 ― でんぷん／グリコーゲン／デキストリン
└ 食物繊維（エネルギーにならない）

ごはん、パン、パスタの特徴

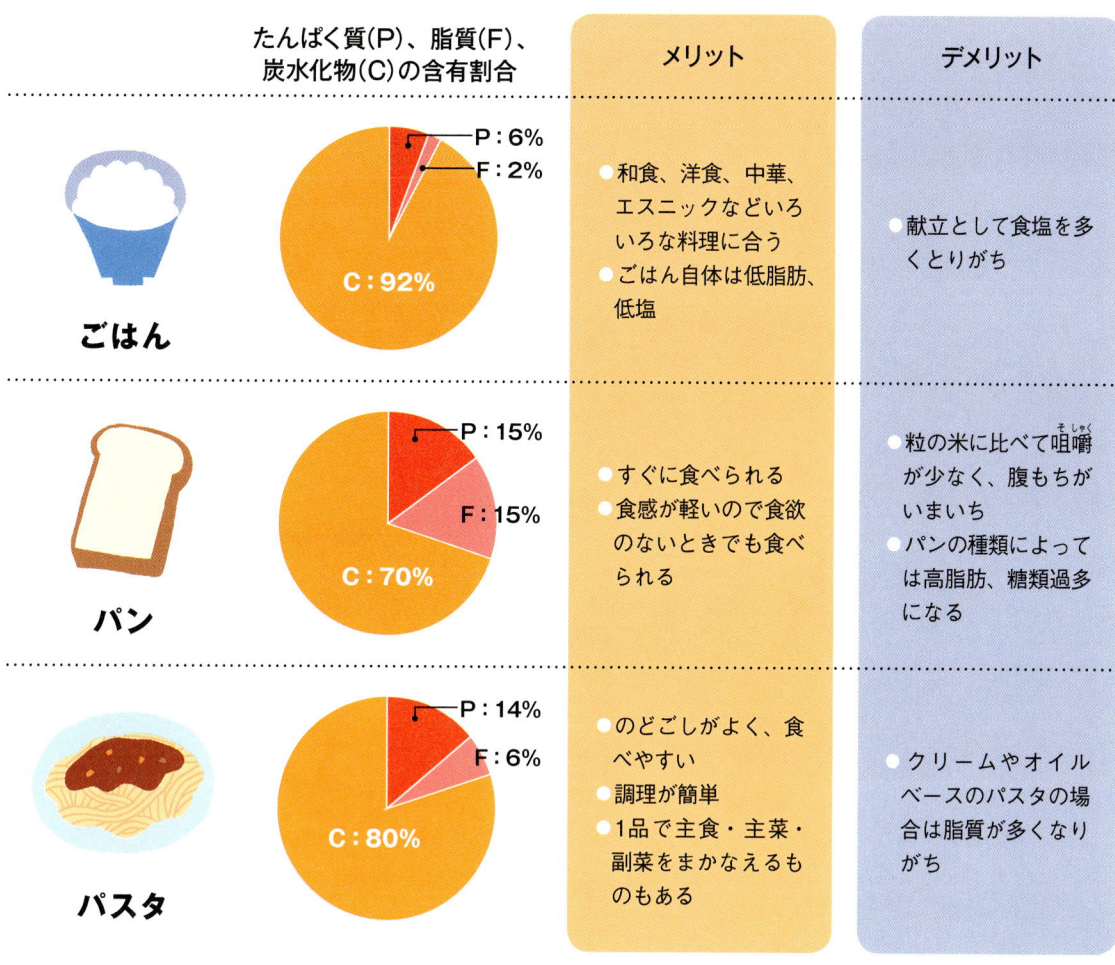

	たんぱく質（P）、脂質（F）、炭水化物（C）の含有割合	メリット	デメリット
ごはん	C：92% / P：6% / F：2%	● 和食、洋食、中華、エスニックなどいろいろな料理に合う ● ごはん自体は低脂肪、低塩	● 献立として食塩を多くとりがち
パン	C：70% / P：15% / F：15%	● すぐに食べられる ● 食感が軽いので食欲のないときでも食べられる	● 粒の米に比べて咀嚼が少なく、腹もちがいまいち ● パンの種類によっては高脂肪、糖類過多になる
パスタ	C：80% / P：14% / F：6%	● のどごしがよく、食べやすい ● 調理が簡単 ● 1品で主食・主菜・副菜をまかなえるものもある	● クリームやオイルベースのパスタの場合は脂質が多くなりがち

『日本食品標準成分表2015年版（七訂）』（文部科学省）より作成

FIGHTERS COLUMN

炭水化物をとるための工夫

工夫1

ごはん以外の炭水化物メニューをそろえる

いもやパスタ、かぼちゃ、にんじんなどを使ったおかずや、そうめんが寮の食事によく登場します。かぼちゃの煮物は寮の定番おかずです。

工夫2

ごはんのおともを豊富に用意

ごはん（米）をおいしく食べるための「食欲増進アイテム」が食堂に準備されています。右下のだしとは、粗みじん切りの野菜と納豆昆布をしょうゆとだし汁であえた山形の郷土料理です。

\しば漬けの食感がおいしい!/
ウナギごはん

材料(2人分)
ごはん ………… 400g
ウナギの蒲焼き … 150g
きゅうり … 1本(100g)
しば漬け ………… 30g
酒 ………… 小さじ2
ウナギのたれ(付属のもの)
 ………………… 適量
いり白ごま …… 小さじ1

作り方
1 きゅうりとしば漬けは、粗みじん切りにする。
2 ウナギは酒をふり、ラップをかけて電子レンジで温め、1.5cm角に切る。
3 ごはんにウナギのたれを加えて混ぜ、**1**を加えてざっくりと混ぜる。
4 **2**を加えて軽く混ぜ、器に盛り、ごまをふる。

エネルギー 582kcal	たんぱく質23.3g	脂質17.2g	炭水化物79.6g
	P 16% :	F 27% :	C 56%

\カレーうどんにするのもおすすめ/
豚ヒレ肉カレー

材料(2人分)
ごはん ………… 400g
豚ヒレ肉 ………… 130g
にんじん … ½本(100g)
じゃがいも … 1個(135g)
玉ねぎ …… 1個(200g)
しめじ … 1パック(100g)
油 ………… 大さじ1
にんにく(すりおろし)
 ………… 小さじ1

塩、こしょう …… 各少々
固形コンソメ ……… 2個
A［カレー粉 … 大さじ1
　 トマトケチャップ
 　　　 …… 大さじ2
　 はちみつ … 小さじ1
片栗粉 ………… 大さじ1

作り方
1 にんじん、じゃがいもは2〜3cm角に切る。玉ねぎは薄切りにする。しめじは石づきを切り落としてほぐす。豚肉はひと口大に切る。
2 鍋に油を熱し、にんにくと豚肉を入れて表面に軽く焼き色がつくまで炒め、塩、こしょうをふってとり出す。
3 同じ鍋に玉ねぎを入れて炒め、しんなりしたらにんじん、じゃがいも、しめじを加えて2〜3分炒め、豚肉を戻し入れて2〜3分炒める。
4 水600mℓとコンソメを加え、野菜がやわらかくなるまで弱火で15分煮る。**A**を加え、さらに10分煮る。片栗粉を同量の水(分量外)でといて加え、とろみをつける。器にごはんを盛り、カレーをかける。

エネルギー 653kcal	たんぱく質24.7g	脂質9.0g	炭水化物117.5g
	P 15% :	F 12% :	C 72%

材料（2人分）

ごはん	400g	長いも	60g
サーモン（刺し身用）		きゅうり	大⅓本（40g）
	120g	A しょうゆ	大さじ2
トマト	½個（70g）	酒	小さじ2
パプリカ（黄）		砂糖	小さじ1
	⅓個（40g）		

作り方

1 野菜はすべて1〜1.5cm角に切る。

2 サーモンは1.5〜2cm角に切ってボウルに入れ、Aを加えて10分ほど漬ける。

3 丼にごはんを盛り、1と2をのせる。

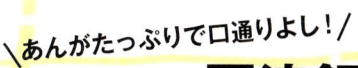

カラフルサーモン丼

\仕上げにごまや刻みのりをかけても/

エネルギー 475kcal	たんぱく質21.1g	脂質3.2g	炭水化物85.7g
P 18%	F 6%	C 75%	

材料（2人分）

ごはん	400g	水	200ml
かに風味かまぼこ	6本	しょうゆ	大さじ¼
長ねぎ	5cm	鶏がらスープの素	
卵	3個	B	小さじ1強
A 酒	大さじ½	しょうが（すりおろし）	
塩	小さじ¼		小さじ¼
		片栗粉	大さじ1
		油	小さじ2

作り方

1 かに風味かまぼこは手で裂く。長ねぎはみじん切りにする。

2 卵は溶きほぐし、かに風味かまぼこの半量とAを加えて混ぜる。

3 鍋にBと長ねぎ、残りのかに風味かまぼこを入れて火にかけ、煮立ったら片栗粉を同量の水（分量外）でといて加え、とろみをつける。

4 ごはんをボウルなどに詰めて器にひっくり返し、丸く盛っておく。

5 フライパンに油の半量を強火で熱し、2の半量を入れて大きく混ぜ、半熟になったら火を止め、そのまま滑らせるようにしてごはんにのせ、3をかける。残りも同様にする。

天津飯

\あんがたっぷりで口通りよし！/

エネルギー 565kcal	たんぱく質21.9g	脂質12.7g	炭水化物85.0g
P 16%	F 21%	C 63%	

\野菜も食べられるヘルシーミートソース/

鶏肉のミートパスタ

材料（2人分）

スパゲティ（乾燥）
　　　　　　　　200ｇ
鶏むねひき肉……100ｇ
玉ねぎ ……½個（100ｇ）
にんじん… 大¼本（60ｇ）
なす……… 小1本（60ｇ）
固形コンソメ………1個
油 ……………小さじ2
トマトケチャップ…60ｇ
塩、こしょう……各適量

作り方

1 野菜はみじん切りにする。コンソメは刻む。
2 鍋に湯を沸かして塩（分量外）を加え、スパゲティを袋の表示時間どおりにゆでる。
3 フライパンに油を熱し、ひき肉を入れ、塩、こしょうをふって炒める。肉の色が変わったら **1** の野菜を加え、しんなりするまで炒める。コンソメを加え、野菜に火が通るまで炒める。
4 ケチャップを加えて炒め、塩、こしょうで味をととのえる。
5 器にスパゲティを盛り、**4** をかける。

エネルギー 570kcal	たんぱく質25.2ｇ	脂質10.6ｇ	炭水化物89.0ｇ
	P 18% :	F 17% :	C 64%

\パスタを別ゆでせずに作れる/

フライパンでスープパスタ

材料（1人分）

スパゲティ（乾燥）	ベーコン（ハーフタイプ）
100ｇ	2枚
スナップえんどう	オリーブ油 …… 小さじ1
3本（25ｇ）	A ┌ 水 ………… 400㎖
玉ねぎ …… ¼個（50ｇ）	└ 固形コンソメ …1個
キャベツ …… 1枚（50ｇ）	塩、こしょう……各適量

作り方

1 スナップえんどうは筋をとり、かために塩ゆでし、斜め半分に切る。玉ねぎは薄切りにする。キャベツはひと口大に切る。ベーコンは1㎝幅に切る。
2 フライパンにオリーブ油を中火で熱し、玉ねぎ、キャベツ、ベーコンをさっと炒める。
3 **2** にAとスパゲティを加え、ほぐしながら1〜2分加熱する。火を止めてふたをし、スパゲティの袋の表示時間分おき、余熱で火を通す。
4 ふたをとって、弱火〜中火にかけてスパゲティをほぐし、塩、こしょうで味をととのえる。器に盛り、スナップえんどうを散らす。

エネルギー 549kcal	たんぱく質17.8ｇ	脂質14.4ｇ	炭水化物84.0ｇ
	P 13% :	F 24% :	C 63%

材料（2人分）

うどん ……………………2玉
ウナギの蒲焼き … 100g
オクラ ………4本（40g）
きゅうり …1本（100g）
長いも（すりおろし）
　　　………………120g
酒 …………………大さじ1
温泉卵（市販品）……2個
めんつゆ（3倍濃縮）
　　　……………大さじ3

作り方

1 オクラは板ずりし、熱湯でゆでて水にとり、小口切りにする。きゅうりはせん切りにする。
2 フライパンにクッキングシートを敷き、ウナギをのせて酒をふる。ふたをして弱火で1〜2分蒸し焼きにし、ひと口大に切る。
3 鍋に湯を沸かし、うどんをゆで、冷水で洗って水けをきり、器に盛る。**1**、**2**、長いも、温泉卵をのせ、水（分量外）で薄めためんつゆをかける。

ウナギのぶっかけうどん

エネルギー 568kcal	たんぱく質27.5g	脂質16.9g	炭水化物72.0g
P 20%	: F 28%	: C 52%	

材料（2人分）

そうめん ……………………2束
長いも ……………………60g
小ねぎ ……………………適量
削り節 ………1袋強（4g）
A ┌ しょうゆ ……大さじ1
　├ みりん ………小さじ1
　└ 砂糖 ………小さじ½

作り方

1 鍋に水400mlを入れて火にかけ、沸騰したら削り節を加える。再び沸騰したらすぐに火を止めてざるでこし、だし汁をとる。
2 長いもはすりおろし、小ねぎは小口切りにする。そうめんはかためにゆでる。
3 **1** のだし汁を鍋に入れて中火にかけ、**A**で調味する。沸騰したらそうめんを加え、再び沸騰したら火を止める。
4 器に盛り、長いもをのせ、小ねぎを散らす。

とろろ入りにゅうめん

エネルギー 233kcal	たんぱく質7.7g	脂質0.9g	炭水化物45.9g
P 14%	: F 4%	: C 83%	

鉄やビタミンが多い赤身の肉を選ぶのが◎/
牛肉のジャージャーめん

材料（2人分）

中華めん	2玉
牛赤身ひき肉	200g
玉ねぎ	½個（100g）
にんじん	¼本（50g）
きゅうり	1本（80g）
レタス	3枚（60g）

A［みそ、酒、砂糖 各大さじ2
しょうゆ 小さじ2
鶏がらスープの素 小さじ½］

ごま油 大さじ1
にんにく、しょうが（各すりおろし） 各小さじ½

作り方

1 玉ねぎとにんじんはみじん切りにする。きゅうりとレタスはせん切りにする。Aは混ぜ合わせておく。中華めんは袋の表示時間どおりにゆで、冷水で洗って水けをきる。

2 フライパンにごま油を熱し、にんにく、しょうがを入れて炒め、香りが立ったらひき肉を加え、肉の色が変わるまで炒める。

3 玉ねぎ、にんじんを加え、野菜がしんなりしたらAを加え、汁けがなくなるまで炒める。

4 器に中華めんを盛り、レタス、きゅうりをのせ、**3**をかける。

エネルギー 623kcal	たんぱく質36.5g	脂質13.0g	炭水化物82.3g
	P 25%	F 20%	C 56%

脂質の少ないもも肉＋野菜でヘルシー！/
野菜たっぷりタンメン

材料（2人分）

中華めん	2玉
豚もも薄切り肉	160g
にんじん	⅕本（40g）
玉ねぎ	½個（100g）
豆苗	15g
しめじ	⅔パック（60g）
大豆もやし	½袋（100g）

油 大さじ1

A［水 600㎖
鶏がらスープの素 小さじ4
しょうゆ 小さじ1］

塩、こしょう 各適量

作り方

1 豚肉はひと口大に切る。にんじんは細切り、玉ねぎは薄切りにする。豆苗は根元を切り、しめじは石づきを切り落としてほぐす。

2 中華めんと大豆もやしを中華めんの袋の表示時間どおりにゆで、水けをきる。

3 フライパンに油を熱し、豚肉、玉ねぎ、にんじん、しめじの順に炒める。火が通ったら、Aと豆苗を加えてひと煮立ちさせ、塩、こしょうで味をととのえる。

4 器に**2**を盛り、**3**をかける。

エネルギー 547kcal	たんぱく質34.2g	脂質13.6g	炭水化物68.1g
	P 26%	F 23%	C 51%

材料（10本分）

ごはん …………… 400g
油揚げ …………… 5枚

A
- 水 ………… 200㎖
- 和風だしの素（顆粒）
　………… 小さじ½
- 酒 ………… 50㎖
- 砂糖 ……… 大さじ2
- しょうゆ … 大さじ1

鶏むねひき肉 ……100g

B
- 酒、しょうゆ
　……… 各小さじ1

にんじん（みじん切り）
　………… ½本分（100g）

C
- 酒 ……… 小さじ1
- 砂糖、しょうゆ
　……… 各小さじ½

D
- 酢 ……… 大さじ3
- 昆布茶 …… 小さじ½
　（または塩ふたつまみ）
- 砂糖 ……… 小さじ2

枝豆（さやから出したもの）
　………………… 60g

作り方

1 油揚げは縦半分に切る。熱湯でさっとゆでて水けをきり、あら熱がとれたら両手ではさんで水けを絞る。

2 鍋にA、**1**を入れて中火にかけ、煮立ったら弱めの中火にし、煮汁がほとんどなくなるまで煮て、そのまま冷ます。

3 鍋にひき肉とBを入れて混ぜ、弱火にかけ、菜箸でポロポロに炒める。にんじんとCを加え、弱めの中火で炒める。

4 ごはんにDを混ぜ、あら熱がとれたら、枝豆と**3**を加えて混ぜる。

5 **2**の汁けをきり、**4**を等分に詰め、ラップで形を整える。

\食べやすいサイズがGOOD！/
スティックいなりずし

（1本分の栄養価）

エネルギー 151kcal	たんぱく質6.7g	脂質4.1g	炭水化物19.6g
P 19%	F 26%	C 55%	

材料（6人分）

米 ………………… 2合
とうもろこし
　………… 1本（200g）
バター …………… 20g
しょうゆ ……… 大さじ2
塩 …………… 小さじ¼

作り方

1 とうもろこしは包丁で実を削ぎとる（芯はとっておく）。バターは1㎝角に切る。

2 米は洗って炊飯器の内釜に入れ、2合の目盛りまで水（分量外）を加える。しょうゆ、塩を加えて混ぜ、とうもろこしの実と芯、バターをのせて炊く。炊きあがったら、芯を除き、全体を混ぜる。

\バターじょうゆの香りが食欲をそそる/
とうもろこしごはん

エネルギー 247kcal	たんぱく質4.9g	脂質3.8g	炭水化物46.6g
P 8%	F 14%	C 78%	

主菜の肉や魚で体をつくろう

主菜には体をつくるたんぱく質が豊富です

主菜は、たんぱく質を豊富に含む肉、魚、卵、大豆製品などを使った料理です。主菜にはたんぱく質だけでなく、主食に含まれる炭水化物の代謝に欠かせないビタミン B_1 や鉄など、ビタミンやミネラルも豊富です。

たんぱく質は、体（筋肉、骨、血液、内臓など）づくりに必要な栄養素。不足すると筋肉がやせる、増えない、体力が低下するなどの影響があらわれるため、欠かせない栄養素のひとつです。摂取したたんぱく質は、アミノ酸もしくはアミノ酸が2～3つ結合したペプチドの形まで分解され（消化）、吸収されます。そして、吸収されたアミノ酸を材料として、体たんぱく質（骨格筋や内臓）、酵素、ホルモン、抗体が作られます。体の中では、体たんぱく質が分解と合成をくり返しているので、材料となるたんぱく質（アミノ酸）を毎日の食事でとる必要があります。たんぱく質量の摂取目標量は、エネルギー産生栄養素バランス※では、13～20%ですが、およそ体重1kgあたり1gとイメージしましょう。さらに、筋肉量を増やすためのウエイトトレーニングをしているときなどは多めにし、体重1kgあたり1.5～2.0g程度が目安です。

たんぱく質が豊富なのは肉や魚、卵、大豆製品ですが、右ページを見てもわかるように、主菜に用いる食材によっては脂質量が多いなど、栄養素量に違いがあります。また、穀類や乳製品のほか、いも類や種実類にもたんぱく質は含まれています。特に主食（穀類）と乳製品は食べる量や頻度が多いので、1日分を合計すると主菜1皿程度のたんぱく質量になります。そのため、さまざまな食材、調理法をできるだけ偏らないように、組み合わせて食べるようにしましょう。

ところで、たんぱく質はたくさん食べればそれだけ体が大きくなると思ってはいませんか？　選手からもこういった質問を受けることがありますが、それは間違い。体をつくるために使われるたんぱく質の量には限りがあり、とりすぎたたんぱく質は体脂肪となります。大きく力強い体をつくるためには、主食、副菜もあわせてとり、運動によって筋肉に刺激を与え、睡眠をしっかりとることも必要です。

※総エネルギー摂取量に占める、たんぱく質、脂質、炭水化物（エネルギーを産生する栄養素）の理想の割合のこと

○ **たんぱく質55g※を
とるために必要な食品量**
※中学生が1日に必要なたんぱく質の目安量

ごはん
茶碗1杯（150g）×3杯

納豆　1パック

鮭　1切れ（70g）

鶏むね肉　⅓枚（80g）

牛乳
コップ1杯
（200㎖）

食品に含まれるたんぱく質の概量（100gあたり）

	たんぱく質（g）	脂質（g）	炭水化物（g）	たんぱく質以外に期待できる栄養素
肉	20g程度	〜35g程度	1g未満	牛肉：鉄、亜鉛 豚肉：ビタミンB1 鶏肉（皮）：ビタミンK
魚	20g程度	〜25g程度	1g未満	青魚：ビタミンD
納豆	16.5	10.0	12.1	ビタミンK、ビタミンB2
卵	12.3	10.3	0.3	ビタミンB2
牛乳	3.3	3.8	4.8	カルシウム、ビタミンB2
ごはん／パン 穀類	2.5／9.3	0.3／4.4	37.1／46.7	炭水化物 食物繊維

『日本食品標準成分表2015年版（七訂）』（文部科学省）より作成

上の図の使い方を説明しましょう。

たとえば、

肉80g ならば 　約20g×80g/100g＝**16g**

魚60g ならば 　約20g×60/100g＝**12g**

卵1個（50g） ならば 　12.3×50g/100g≒**6g**

のたんぱく質がとれます。

このようにして、食品からどのくらいのたんぱく質がとれるのかを知る目安として役立ててください。

肉も野菜もたっぷり食べられる/
プルコギ風焼き肉

材料（2人分）

牛切り落とし肉 … 200g
玉ねぎ ……小1個（120g）
にら…………½束（50g）
大豆もやし …¼袋（50g）

A ┌ にんにく（すりおろし）
　　　　……… 小さじ½
　│ しょうゆ …… 大さじ2
　│ 酒、ごま油
　　　　……… 各大さじ1
　│ オイスターソース
　　　　……… 小さじ2
　└ 一味唐辛子 …… 適量
　油 …………… 小さじ2

作り方

1 玉ねぎは薄切りにする。にらは5cm長さに切る。

2 ボウルに**A**を合わせ、牛肉と玉ねぎを入れてよくからめ、10分ほどおいてなじませる。

3 フライパンに油を入れて熱し、**2**、もやしを加え、肉を広げながら炒める。肉の色が変わり、玉ねぎともやしに火が通ったら、にらを加えてしんなりするまで炒める。

エネルギー 433kcal	たんぱく質21.6g	脂質31.8g	炭水化物10.6g
P 21%	: **F 69%**	: **C 10%**	

薄切り肉を折りたたむと食べごたえアップ！/
牛薄切り肉の
ひと口ステーキ

材料（2人分）

牛もも薄切り肉 … 160g
大根…………… 100g
わけぎ（または小ねぎ）
　………………… 10g
油 …………… 小さじ1
塩、こしょう …… 各少々
焼肉のたれ（市販品）
　…………… 大さじ2

作り方

1 大根は皮を厚めにむき、3〜5mm厚さの輪切りにする。わけぎは小口切りにする。

2 牛肉は1〜2枚ずつ重ねて折りたたみ、形を整える。

3 フライパンに油を熱し、大根を並べ入れ、塩、こしょうをふって両面を焼き、とり出す。

4 **3**のフライパンに牛肉を入れ、火が通るまで焼いたら、焼肉のたれを加えてからめる。

5 器に大根と牛肉を盛り、わけぎを散らす。

エネルギー 208kcal	たんぱく質16.3g	脂質14.2g	炭水化物5.0g
P 30%	: **F 60%**	: **C 9%**	

材料（4人分）

牛ももかたまり肉
　……………… 400g
塩、こしょう…… 各適量
バター
　…… 大さじ1強(16g)

A
だし汁 ……… 100㎖
しょうゆ ……… 50㎖
酒 ………… 大さじ2
砂糖 ……… 大さじ½
クレソン………… 適宜

作り方

1 牛肉は30分ほど常温におき、塩、こしょうをふる。
2 鍋にバターをとかして牛肉を入れ、転がしながら3分ほど焼き、全面にこんがりと焼き色をつける。**A**を加え、ふたをして弱火で15分ほど蒸し焼きにする。
3 牛肉をとり出し、アルミ箔で包んで10分ほどおく。鍋に残った汁は、少し煮つめてソースを作る。
4 牛肉を薄く切って器に盛り、ソースをかけ、クレソンを添える。

\脂肪が少ないもも肉は、鉄分も豊富/

鍋ひとつで
ローストビーフ

エネルギー 234kcal	たんぱく質22.3g	脂質12.8g	炭水化物3.3g
P 41%	: F 53%	:	C 6%

材料（2人分）

牛もも薄切り肉 … 150g
じゃがいも… 1個(120g)
にんじん……⅕本(40g)
ピーマン……1個(40g)
パプリカ(赤)
　…………½個(50g)
塩、こしょう…… 各少々
油……………… 適量

ソース
トマトケチャップ
　………… 大さじ2
ウスターソース
　………… 大さじ1
はちみつ…… 小さじ1

作り方

1 じゃがいも、にんじんは5㎜角の棒状に切る。じゃがいもをさっと水にくぐらせ、にんじんとともに耐熱皿に入れ、ラップをかけて電子レンジで2分30秒〜3分加熱する。ピーマン、パプリカは細切りにする。
2 牛肉を広げ、野菜をのせて巻き、塩、こしょうをふる。
3 フライパンに油を熱し、牛肉の巻き終わりを下にして入れ、転がしながら肉に火が通るまで弱火で焼き、とり出す。
4 **3**のフライパンにソースの材料を入れ、弱火で軽く煮つめる。
5 **3**を食べやすく切って器に盛り、**4**を添える。

\好みの野菜にアレンジOK/

牛肉の野菜巻き

エネルギー 252kcal	たんぱく質17.6g	脂質11.4g	炭水化物18.6g
P 28%	: F 41%	:	C 30%

ささみは低脂肪、高たんぱく質な食材/
ささみのピザ

エネルギー 176kcal	たんぱく質25.0g	脂質4.7g	炭水化物5.0g
	P 62% :	F 26% :	C 12%

材料（2人分）

鶏ささみ…4本（45g×4）
玉ねぎ………⅙個（30g）
ミニトマト…………2個
ピーマン……½個（20g）
エリンギ……¼本（10g）
塩、こしょう……各少々

ピザソース（市販品）
…………………大さじ2
A［白ワイン（または料理
　酒）、水…各大さじ2
ピザ用チーズ………適量

作り方

1 玉ねぎは薄切りにする。ミニトマト、ピーマンは輪切りにする。エリンギは石づきを切って3cm長さの薄切りにする。

2 ささみは筋をとって観音開きにし、塩、こしょうをふる。

3 フライパンにささみを入れて円形にととのえ、ピザソースをぬって**1**をのせる。火をつけて、中火で1分ほど加熱したら**A**を回しかけ、ふたをして弱火で3分ほど加熱する。

4 ふたをとってチーズをのせ、2分ほど加熱する。

鶏肉にはちみつをもみ込むからしっとり/
チキンステーキ

エネルギー 350kcal	たんぱく質23.1g	脂質21.4g	炭水化物13.4g
	P 27% :	F 57% :	C 16%

材料（2人分）

鶏むね肉……1枚（230g）
A［にんにく（すりおろし）
　…………小さじ1
　はちみつ……大さじ1
　塩、こしょう…各適量
　白ワイン
　……大さじ½〜1
油……………小さじ2

ト
マ
ト
ソ
ー
ス［玉ねぎ…⅛個（25g）
　トマト
　……小1個（120g）
　にんにく（すりおろし）
　…………小さじ¼
　オリーブ油…小さじ2
　塩、こしょう…各少々
つけ合わせ（アスパラガス
　のソテーなど）……適宜

作り方

1 トマトソースを作る。玉ねぎはみじん切りにして水にさらし、ざるにあげてキッチンペーパーで水けをとる。トマトは湯むきし、1〜1.5cm角に切る。トマトソースの材料を合わせ、トマトをつぶさないように混ぜる。

2 鶏肉は半分に切り、厚みのあるところに包丁を入れて厚みを均一にし、フォークで全体に穴をあける。**A**をすり込んで下味をつけ、15分ほどおく。

3 鶏肉の水けをふき、油をひいたフライパンで両面をこんがり焼いたら、ふたをして弱火で中まで火を通す。

4 器に盛ってトマトソースをかけ、つけ合わせを添える。

材料（2人分）

鶏ささみ…4本（45g×4）
オクラ………8本（80g）
えのきたけ…½袋（40g）
塩、こしょう……各少々
ポン酢しょうゆ……適量

作り方

1 オクラは板ずりし、熱湯でゆでて水にとり、へたを切る。えのきたけは根元を切り落として長さを半分に切り、ほぐす。

2 ささみは筋をとり、ラップの間にはさみ、めん棒でたたいて薄くのばし、塩、こしょうをふる。

3 ささみにオクラとえのきたけをのせて巻き、ラップで包んで両端を軽くねじる。電子レンジで3分30秒加熱する。

4 2〜3等分に切って器に盛り、ポン酢しょうゆを添える。

\ 野菜＆きのこでボリュームアップ！/
ささみの野菜ロール

エネルギー 111kcal	たんぱく質22.1g	脂質0.8g	炭水化物4.2g
P 78%	: F 7%	: C 15%	

材料（2人分）

鶏むね肉…………160g
玉ねぎ………⅛個（25g）
にんじん…………15g
なす……大¼本（25g）
しめじ…⅓パック（30g）
えのきたけ…⅓袋（30g）

A ┌ 水…………200ml
　　酒、しょうゆ
　　　………各大さじ1
　　和風だしの素
　　　………小さじ1
片栗粉………大さじ½
塩、砂糖…各ひとつまみ
酒…………大さじ3
小ねぎ（斜め薄切り）
　………………適宜

作り方

1 玉ねぎ、にんじん、なすは細切りにする。しめじ、えのきたけは石づきを切り落としてほぐす。

2 鍋にＡと**1**を入れて弱火にかけ、やわらかくなるまで煮る。片栗粉を同量の水（分量外）でといて加え、とろみをつける。

3 鶏肉は皮をとり、厚みのあるところに包丁を入れて厚みを均一にし、フォークで全体に穴をあける。塩、砂糖をふって軽くすり込む。

4 フライパンに鶏肉を入れて酒を回しかけ、ふたをして弱火で中に火が通るまで蒸し焼きにする。

5 **4**を食べやすい大きさに切って器に盛り、**2**をかけて小ねぎを飾る。

\ さっぱりむね肉に野菜あんがぴったり/
むね肉の野菜あんかけ

エネルギー 154kcal	たんぱく質20.1g	脂質1.4g	炭水化物9.3g
P 62%	: F 9%	: C 29%	

\豚肉やタラを使ってもおいしい!/
鶏むね肉の ケチャップソテー

材料(2人分)

鶏むね肉‥‥‥‥‥ 160 g
塩、こしょう‥‥‥‥各少々
片栗粉‥‥‥‥‥‥‥適量
油‥‥‥‥‥‥‥‥大さじ1

A ┌ トマトケチャップ
  │ ‥‥‥‥‥大さじ2
  │ しょうゆ、はちみつ
  │ ‥‥‥‥各大さじ1
  │ にんにく(すりおろし)
  └ ‥‥‥‥小さじ½
つけ合わせ(レタスなど)
 ‥‥‥‥‥‥‥‥適宜

作り方

1 鶏肉は皮をとってひと口大に切り、塩、こしょうをふる。片栗粉を全体にまぶし、余分な粉を落とす。**A**は混ぜ合わせる。

2 フライパンに油を熱し、鶏肉を弱火〜中火で焼く。中まで火が通ったら**A**を加え、からめながら1〜2分炒める。器に盛り、つけ合わせを添える。

エネルギー 218kcal	たんぱく質18.9g	脂質7.2g	炭水化物18.6g
	P 35% :	F 30% :	C 35%

\丼やめんの具にしてもOK/
鶏むねチャーシュー

材料(2〜3人分)

鶏むね肉‥‥大1枚(300g)

A ┌ しょうゆ‥‥‥大さじ2
  │ 酒、砂糖‥‥各大さじ1
  │ しょうが(すりおろし)
  └ ‥‥‥‥‥小さじ1
好みの野菜(貝割れ菜、ラディッシュなど)‥適宜

作り方

1 鶏肉は、厚みのあるところに包丁を入れて厚みを均一にし、フォークで全体に穴をあける。

2 耐熱皿に鶏肉の皮を下にしておき、**A**をからめ、15分ほどおく。ラップをかけて電子レンジで6分加熱し、そのまま10分ほどおいて冷ます。

3 食べやすい大きさに切って器に盛り、耐熱皿に残った汁をかけ、好みの野菜を添える。

エネルギー 217kcal	たんぱく質20.5g	脂質11.6g	炭水化物4.5g
	P 40% :	F 51% :	C 9%

材料（2人分）

合いびき肉 ……… 130g	ポン酢しょうゆ
サクラエビ …… 大さじ1	……………… 大さじ1
玉ねぎ …… ¼個（50g）	大根おろし …… 100g
油 ……………… 小さじ4	小ねぎ（小口切り）

A
- とき卵 …… ¼個分
- しょうが汁 … 小さじ¼
- 塩 ……………… 少々
- パン粉 … ¼カップ強
- 牛乳 ……… 大さじ3

……………… 大さじ1
つけ合わせ（ミニトマト、
　ゆでさやいんげんなど）
……………………… 適宜

作り方

1 サクラエビはフライパンでからいりし、手でもみほぐす。玉ねぎはみじん切りにし、油小さじ2を熱したフライパンで炒め、冷ましておく。

2 ボウルにひき肉を入れ、粘りが出るまで練り、**1**と**A**を加えて混ぜる。2等分にして楕円形にまとめ、左右の手のひらに交互に打ちつけて空気を抜き、中央をくぼませる。

3 フライパンに残りの油を熱し、**2**を入れて中火で30秒焼き、弱火にしてふたをし、3分ほど焼く。裏返してふたをし、さらに3分ほど焼き、器に盛る。

4 フライパンに残った焼き汁にポン酢しょうゆを混ぜる。

5 ハンバーグに大根おろしをのせて**4**をかけ、小ねぎを散らし、つけ合わせを添える。

\サクラエビを加えてカルシウム強化／
サクラエビ入り 和風ハンバーグ

エネルギー 265kcal	たんぱく質17.0g	脂質16.0g	炭水化物11.1g
	P 26% ：	F 56% ：	C 17%

材料（2人分）

鶏むねひき肉 …… 150g	
木綿豆腐 … ⅓丁（100g）	
ひじき（乾燥）……… 3g	
玉ねぎ …… ¼個（50g）	

B
- しょうゆ、酒
- ……… 各大さじ1
- はちみつ …… 小さじ2
- みりん …… 小さじ1

A
- 酒 ……………… 小さじ1
- 和風だしの素
- ……………… 小さじ½
- 塩、こしょう ·各少々

油 ……………… 大さじ½
いり白ごま ……… 少々

作り方

1 豆腐はキッチンペーパーで水けをふきとる。ひじきは水でもどし、水けをきる。玉ねぎはみじん切りにする。

2 ボウルに**1**、ひき肉、**A**を入れてよく混ぜ、円形にととのえる。

3 フライパンに油を熱して**2**を並べ、弱火で中まで火を通す。**B**を加えてからめ、器に盛り、ごまをふる。

\鉄が豊富なひじきが入ったつくね風／
ひじきバーグ

エネルギー 203kcal	たんぱく質21.4g	脂質6.3g	炭水化物12.4g
	P 45% ：	F 29% ：	C 26%

\薄切り肉を丸めるから、肉がやわらか/

揚げないかんたん酢豚

材料（2人分）

豚もも薄切り肉 … 200 g
塩、こしょう …… 各少々
A ┌ とき卵 ……… ½個分
    └ 片栗粉 …… 大さじ2
玉ねぎ …… ½個（100 g）
にんじん …… ⅛本（25 g）
エリンギ … 大½本（30 g）

ピーマン… 1 ½個（60 g）
B ┌ 砂糖、しょうゆ
    │ ……… 各大さじ2
    │ 鶏がらスープの素
    └ ……… 小さじ1
油 ……………… 小さじ2
酢 ……………… 小さじ4

作り方

1 ボウルに豚肉を広げて入れ、塩、こしょうをふり、**A**を加えて混ぜる。肉を1枚ずつ丸めてだんご状にする。
2 玉ねぎはくし形切りにする。にんじんは短冊切りにする。エリンギはにんじんの大きさに合わせて薄切りにする。ピーマンは乱切りにする。**B**は混ぜ合わせる。
3 フライパンに油を入れて弱火〜中火で熱し、**1**を入れて火が通るまで焼き、とり出す。玉ねぎ、にんじん、エリンギ、ピーマンの順に加え、強火で焼き色がつくまで炒める。
4 豚肉を戻し入れ、**B**を加えて2分ほど炒め、酢を回し入れる。

エネルギー 356kcal	たんぱく質25.3g	脂質15.7g	炭水化物27.4g
P 29%	F 40%	C 31%	

\カラフルおかずで食欲アップ！/

豚肉のみそ炒め

材料（2人分）

豚ロース薄切り肉
 ……………… 100 g
にんじん… 大¼本（60 g）
ピーマン……1個（50 g）
玉ねぎ ………¼個（50 g）

A ┌ しょうゆ…… 小さじ2
    │ みそ、酒、砂糖
    └ ……… 各小さじ1
油 …………… 小さじ2
塩 ……………… 少々

作り方

1 豚肉はひと口大に切る。にんじんは縦半分に切って斜め薄切りにする。ピーマンは2cm幅に切る。玉ねぎは薄切りにする。**A**は混ぜ合わせる。
2 フライパンに油を熱し、豚肉と玉ねぎを炒め、塩をふる。肉の色が変わったらにんじん、ピーマンを加え、しんなりするまで炒める。
3 **A**を回し入れ、1分ほど炒める。

エネルギー 213kcal	たんぱく質11.2g	脂質13.9g	炭水化物9.1g
P 22%	F 61%	C 18%	

材料（2人分）

豚もも薄切り肉	小ねぎ（小口切り）… 2本分
………… 6枚（200ｇ）	薄力粉、パン粉 …各適量
塩、こしょう …… 各少々	とき卵 ………… 1個分
味つけのり ……… 12枚	揚げ油 ………… 適量
タラコ（薄皮をとってほぐ	つけ合わせ（キャベツなど）
したもの）	………… 適宜
……… 1腹分（40ｇ）	

作り方

1 豚肉を広げて塩、こしょうをふる。のりをのせて、タラコをぬり、小ねぎをのせて巻く。

2 薄力粉、とき卵、パン粉の順にころもをつける。

3 フライパンに揚げ油を入れて中温に熱し、**2**をこんがりと揚げる。

4 食べやすい大きさに切って器に盛り、つけ合わせを添える。

\\ 肉はきつめに巻くと断面がきれい /

豚とタラコの
のり巻きカツ

エネルギー 480kcal	たんぱく質33.1ｇ	脂質28.1ｇ	炭水化物21.6ｇ
	P 28%	F 54%	C 18%

材料（2人分）

豚こま切れ肉 …… 160ｇ	
しめじ … 1パック（80ｇ）	
タラコ ……… ½腹（30ｇ）	
小ねぎ ……………… 1本	
A ［ しょうゆ、酒、砂糖	
……… 各小さじ1	

作り方

1 しめじは石づきを切り落としてほぐす。タラコは薄皮をとってほぐす。小ねぎは小口切りにする。

2 耐熱皿に豚肉と**A**を入れてからめ、しめじをのせて平らにする。ラップをかけ、電子レンジで6分加熱する。

3 タラコを加えて混ぜ、器に盛り、小ねぎを散らす。

\\ きのこの水分で蒸されるからしっとり /

豚としめじのタラコあえ

エネルギー 186kcal	たんぱく質21.4ｇ	脂質9.1ｇ	炭水化物4.3ｇ
	P 46%	F 44%	C 9%

\ていねいな下ごしらえがポイント/
レバにら

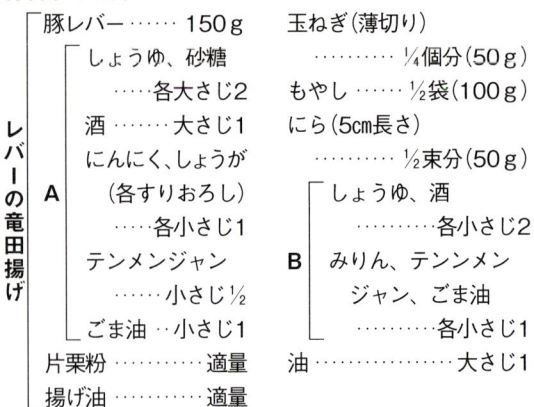

材料（2人分）

レバーの竜田揚げ
　豚レバー …… 150ｇ
　A
　　しょうゆ、砂糖
　　　　…… 各大さじ2
　　酒 ……… 大さじ1
　　にんにく、しょうが
　　　（各すりおろし）
　　　…… 各小さじ1
　　テンメンジャン
　　　…… 小さじ½
　　ごま油 ‥小さじ1
　片栗粉 ………… 適量
　揚げ油 ………… 適量

玉ねぎ（薄切り）
　……… ¼個分（50ｇ）
もやし …… ½袋（100ｇ）
にら（5cm長さ）
　……… ½束分（50ｇ）
B
　しょうゆ、酒
　　………各小さじ2
　みりん、テンンメン
　ジャン、ごま油
　　……… 各小さじ1
油 …………… 大さじ1

作り方

1 レバーは食べやすい大きさに切ってボウルに入れ、水を3～4回かえながら洗い、水けをきる。ボウルに**A**を混ぜてレバーを加え、冷蔵庫で30分～1時間漬ける。

2 **1**の汁けを軽くきり、片栗粉をつけ、中温の揚げ油でカラリと揚げる。

3 フライパンに油を熱し、玉ねぎをしんなりするまで炒める。もやしとにらを加えてさっと炒め、**2**を加える。**B**を混ぜ合わせて加え、炒め合わせる。

エネルギー 288kcal	たんぱく質23.6ｇ	脂質17.5ｇ	炭水化物19.8ｇ
P 29%	**F 48%**	**C 24%**	

\ソーセージは最後に加えてうまみを出して/
ソーセージのポトフ鍋

材料（2人分）

ウインナソーセージ …6本
かぶ…………1個（60ｇ）
かぶの葉………… 1個分
ごぼう ………¼本（40ｇ）
白菜…… 2～3枚（250ｇ）
えのきたけ …⅓袋（25ｇ）
固形コンソメ ………2個
黒こしょう ……… 適量

作り方

1 かぶは4等分のくし形切りにし、かぶの葉は5cm長さに切る。ごぼうはささがきにし、水に10～15分つけてアクを抜く。白菜は食べやすい大きさに切る。えのきたけは根元を切り落として長さを半分に切り、ほぐす。

2 鍋に水600㎖とコンソメを入れて火にかけ、煮立ったらごぼう、白菜、えのきたけ、かぶ、かぶの葉の順に加え、火が通るまで煮る。

3 ソーセージを加えて3分ほど煮て、黒こしょうをふる。

エネルギー 246kcal	たんぱく質10.6ｇ	脂質17.5ｇ	炭水化物13.7ｇ
P 17%	**F 62%**	**C 21%**	

材料（2人分）

生鮭（切り身）
……2切れ（80g×2）
玉ねぎ ……⅕個（40g）
パプリカ（赤）
……⅛個（20g）
ピーマン……½個（20g）
小松菜 ……………40g

まいたけ
……⅔パック（60g）

A｜ みそ……大さじ1 ⅓
　　 すり白ごま、しょうゆ、
　　 砂糖 ……各小さじ2

作り方

1 鮭は水けをふく。玉ねぎは薄切りにする。パプリカ、ピーマンは1㎝幅の細切りにする。小松菜は5㎝長さに切る。まいたけは食べやすい大きさにほぐす。**A**は混ぜ合わせる。

2 アルミ箔に玉ねぎ、鮭の順にのせ、**A**をぬる。残りの野菜ときのこを重ね、アルミ箔で全体を包む。

3 オーブントースターで12〜15分焼く。

\白身魚に変えるなど、アレンジ自在/

鮭とたっぷり野菜の ホイル焼き

エネルギー 196kcal	たんぱく質22.6g	脂質7.1g	炭水化物11.5g
P 45%	F 32%	C 23%	

材料（2人分）

サバ（切り身）
……2〜3切れ（200g）
塩 ………………少々
酒 …………大さじ½
A｜ にんにく、しょうが
　　 （各すりおろし）
　　 ………各小さじ1
　　 酢 ………大さじ2
　　 しょうゆ ……大さじ1
　　 砂糖、ごま油
　　 ………各小さじ2

長ねぎ（みじん切り）
……………大さじ1
つけ合わせ（ゆでにんじん、
ゆでブロッコリーなど）
………………適宜

作り方

1 サバは食べやすい大きさのそぎ切りにし、塩と酒をふって5分ほどおく。**A**は混ぜ合わせる。

2 耐熱皿にサバを並べ、**A**の半量をかけ、ラップをかけて電子レンジで3分加熱する。

3 器に盛り、つけ合わせの野菜を添え、残りの**A**に長ねぎを加えてサバにかける。

\低カロリーで食べごたえ十分/

サバの香味ソースかけ

エネルギー 274kcal	たんぱく質21.6g	脂質16.1g	炭水化物6.1g
P34%	F 57%	C 10%	

カツオの温野菜添え

\鮭やブリに変えてもおいしい!/

材料（2人分）

カツオ(さく)	にんにく ………… 2かけ
……… ½さく(180g)	鷹の爪 …………… ½本
かぶ ……… 2個(160g)	オリーブ油 ……… 大さじ3
にんじん …… ¼本(50g)	ポン酢しょうゆ ‥ 大さじ3
ブロッコリー	
………… ⅕株(50g)	

作り方

1 カツオは食べやすい大きさのそぎ切りにする。かぶは茎を2cmほど残して切り、6～8等分のくし形切りにする。にんじんは短冊切りにする。ブロッコリーは小房に分ける。にんにくは薄切りにし、芯をとる。鷹の爪は種をとり、小口切りにする。

2 鍋に湯を沸かして塩（分量外）を入れ、かぶ、にんじん、ブロッコリーをゆで、ざるにあげる。

3 フライパンにオリーブ油と鷹の爪を入れて熱し、香りが立ったら鷹の爪をとり出す。にんにくを加え、カリッとしたらとり出す。カツオを加えてさっと焼き、ポン酢しょうゆを加えてからめる。

4 器にカツオと野菜を盛り合わせ、にんにくを散らし、フライパンに残った汁をかける。

エネルギー 361kcal	たんぱく質24.8g	脂質23.9g	炭水化物9.7g
P 28%	: **F 61%**	:	**C 11%**

鯛のピカタ

\パセリを青のりに変えれば和風の味わいに/

材料（2人分）

鯛(切り身) ……… 200g	油 …………… 小さじ2
塩、こしょう …… 各少々	薄力粉 ……… 小さじ4
A 卵 ………… ½個	つけ合わせ(ラディッシュ
粉チーズ …… 小さじ2	など) ………… 適宜
パセリ(みじん切り)	
………… 小さじ1	

作り方

1 鯛は水けをふいて食べやすい大きさに切り、塩、こしょうをふる。**A**は混ぜ合わせる。

2 フライペンに油を熱し、鯛に薄力粉を薄くつけて**A**にくぐらせ、並べ入れる。弱火～中火で軽く焼き色がつくまで焼く。

3 器に盛り、つけ合わせを添える。

エネルギー 282kcal	たんぱく質24.6g	脂質16.8g	炭水化物4.9g
P 37%	: **F 56%**	:	**C 7%**

材料（1人分）

生鮭（切り身）
　‥‥‥‥1切れ（100ｇ）

A
　┌ みそ、しょうゆ、酒、
　　砂糖 ‥‥各小さじ1

つけ合わせ
　┌ ピーマン ‥1個（30ｇ）
　　しめじ
　　‥⅔パック（60ｇ）
　　めんつゆ（2倍濃縮）
　　‥‥‥‥小さじ1
　└ 削り節 ‥‥‥‥適量

作り方

1 つけ合わせを作る。ピーマンは細切りにする。しめじは石づきを切り落としてほぐす。耐熱皿に入れてラップをかけ、電子レンジで1分30秒加熱する。水けをきってめんつゆと削り節を加え、混ぜる。

2 鮭は半分に切り、水けをふいて耐熱皿に並べる。Aを混ぜて鮭にぬり、ラップをかけ、電子レンジで2分加熱する。

3 器に鮭を盛り、**1**を添える。

＼お弁当のおかずにもおすすめ／

レンジで鮭の みそ漬け焼き

エネルギー 95kcal	たんぱく質13.2ｇ	脂質2.5ｇ	炭水化物5.3ｇ
	P 55%	F 23%	C 22%

材料（2人分）

アジ（3枚におろしたもの）
　‥‥‥‥4枚（160ｇ）

A
　┌ カッテージチーズ
　　‥‥‥‥‥40ｇ
　└ カレー粉‥‥‥‥4ｇ
オリーブ油 ‥‥小さじ2

塩、こしょう ‥‥各少々
パセリ（みじん切り）
　‥‥‥‥‥‥‥‥適量
つけ合わせ（長いもとパプリカのソテーなど）
　‥‥‥‥‥‥‥‥適宜

作り方

1 Aは混ぜ合わせる。

2 オーブントースターの天板にアルミ箔を敷いてオリーブ油を薄くぬり、アジを並べる。塩、こしょうをふって**1**をぬり、オーブントースターで5分ほど焼く。

3 器に盛ってパセリを散らし、つけ合わせを添える。

＼低脂肪のカッテージチーズを使ってヘルシーに／

アジの カッテージチーズ焼き

エネルギー 164kcal	たんぱく質19.5ｇ	脂質8.0ｇ	炭水化物1.8ｇ
	P 50%	F 46%	C 5%

＼厚揚げは絹ごしタイプを使うと食感がふわふわ／
厚揚げの肉巻きソテー

エネルギー 431kcal	たんぱく質32.6g	脂質25.6g	炭水化物10.6g
	P 32%	F 57%	C 10%

材料（2人分・8個分）

厚揚げ（絹ごしタイプ）
　………1枚（200g）
豚もも薄切り肉
　………8枚（200g）
塩、こしょう……各少々
青じそ……………8枚

薄力粉……………適量
油………………小さじ2
A［しょうゆ、みりん、酒
　……各大さじ1⅓

作り方

1 厚揚げは8等分に切り、塩、こしょうをふる。Aは混ぜ合わせる。

2 豚肉1枚を広げ、厚揚げ1切れと青じそ1枚をのせて巻く。残りも同様にして巻き、全体に薄力粉をまぶす。

3 フライパンに油を熱し、**2**の巻き終わりを下にして入れ、転がしながら全体を焼き、Aを加えてからめる。

＼沖縄キャンプの定番メニュー／
豆腐チャンプルー

エネルギー 213kcal	たんぱく質21.9g	脂質10.4g	炭水化物7.6g
	P 41%	F 44%	C 14%

材料（2人分）

木綿豆腐…小1丁（200g）
豚バラ薄切り肉……50g
にら………¼束（25g）
もやし……½袋（100g）
ごま油………大さじ½
塩、こしょう……各少々
酒、しょうゆ…各大さじ½

作り方

1 豆腐はキッチンペーパーで包み、20分ほどおいて水きりし、食べやすい大きさに切る。豚肉は3㎝幅に切る。にらは5㎝長さに切る。

2 フライパンにごま油を熱し、豚肉を入れ、塩、こしょうをふって炒める。豆腐を加え、両面に焼き色がつくまで炒める。

3 もやしとにらを加えてさっと炒め、酒としょうゆで調味する。

材料（2人分）

- 厚揚げ ……… 1枚（200 g）
- 小松菜 ……… ½束（100 g）
- 油 ……………… 小さじ1
- A
  - しょうゆ …… 大さじ½
  - 酒 ………… 小さじ1
  - 砂糖 ……… 小さじ½
- 削り節 …………… 適量

作り方

1 厚揚げは1cm幅のひと口大に切る。小松菜は5cm長さに切る。

2 フライパンに油を熱し、厚揚げを両面に焼き色がつくまで焼き、小松菜を加えてさっと炒める。

3 Aを加えて全体にからめ、削り節を加えて炒め合わせる。

\食材は2つ、調理は切って炒めるだけ！/

厚揚げと小松菜の おかか炒め

エネルギー 189kcal	たんぱく質12.9 g	脂質13.4 g	炭水化物3.4 g
P 28%	F 65%		C 7%

材料（2人分）

- 厚揚げ ……… 1枚（200 g）
- 豚ひき肉 ………… 80 g
- 長ねぎ ………… 10cm
- にら ……… ½束（40 g）
- ごま油 ………… 大さじ1
- にんにく、しょうが（各すりおろし）…各小さじ1
- みそ ………… 小さじ2
- A
  - 水 ………… 200mℓ
  - 酒、みりん、片栗粉 ……… 各大さじ1
  - しょうゆ …… 小さじ2
  - 鶏がらスープの素 ……… 小さじ1

作り方

1 厚揚げは2～3cm角に切る。長ねぎはみじん切りにする。にらは1.5cm幅に切る。Aは混ぜ合わせる。

2 フライパンにごま油、にんにく、しょうがを入れて弱火で炒め、香りが立ったら長ねぎを加えて炒める。ひき肉を加えて炒め、火が通ったらみそを加えて炒める。

3 厚揚げを加えて軽く焼き色がつくまで炒め、にらを加える。Aをもう一度混ぜて加え、とろみがつくまで炒める。

\ごはんにもめんにもよく合う/

マーボー厚揚げ

エネルギー 368kcal	たんぱく質20.1 g	脂質23.8 g	炭水化物13.7 g
P 23%	F 61%		C 16%

副菜で野菜をおいしく食べよう

副菜は健康維持に必要な栄養素の宝庫です

　副菜は、野菜、いも、きのこ、海藻などのおかずです。これらは、体の機能を正常に働かせ、健康維持に必要となるビタミン（特にビタミンA、ビタミンE、ビタミンC、葉酸）やミネラル（特にカリウム、カルシウム、鉄）、食物繊維、水の重要な供給源なので、積極的にとってほしいおかずのひとつです。また、野菜はこうした栄養素の供給源となるだけでなく、食卓で彩りや季節も演出してくれます。

　ファイターズの選手はみんな野菜をよく食べます。

　実際、選手から「野菜のおかずをもっと増やして」と言われたり、ホテルスタッフの方からも「他球団より野菜をよく食べる」という声が聞かれたりします。

　しかし、野菜の中には独特の苦みや香り、食感を持つものがあり、それをおいしいと感じる人がいる一方で、苦手な人も多いのではないでしょうか？

　野菜をおいしく食べるには、調理の工夫も必要です。というのも、選手に苦手な野菜を聞くと、トマトという答えが多いのですが、トマト鍋やケチャップ味の料理は人気です。つまり、素材そのものは苦手でも味つけや調理法によってはおいしく食べられるということなのでしょう。

FIGHTERS COLUMN

野菜をおいしく食べる工夫

工夫1

野菜と肉や魚がいっしょに食べられるおかずを用意する
選手は野菜だけより、肉や魚と合わせたほうがよく食べます。

工夫2

人気のサラダに緑黄色野菜を混ぜる
栄養価がアップするだけでなく、彩りもよくなって食欲も増進します。

工夫3

ドレッシングのバリエーションを増やす
味の違うものを複数用意。好みの味なら、苦手な野菜も食べやすくなります。

工夫4
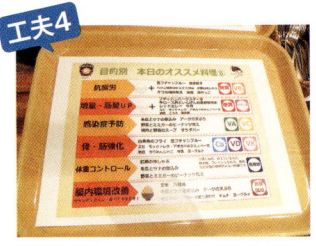
野菜のよさをアピールする
トレーに栄養ポイントをまとめたシートを置いたり、POPをつけて野菜のよさを伝え、食べるきっかけを作っています。

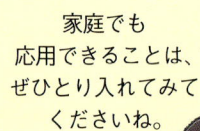

家庭でも応用できることは、ぜひひとり入れてみてくださいね。

子どもたちから

選手に聞きました！

Q 苦手な食べ物を食べるには どうしたらいい？

ぼくは野球をするのが仕事で、体は大切な仕事道具なので、嫌いなものでもがまんしなくちゃと思って食べています。正直いうと、できればサラダは食べたくはないし、好きなものだけを食べたい。でも、体のことを考えれば、それではだめですよね。

苦手なものがあるのなら、おいしく食べられる調理の仕方をお願いするといいと思います。生野菜が苦手なら鍋にしてもらうとか、ピーマンの肉詰めにしてもらうとかね！

上沢直之選手

FIGHTERS COLUMN

ファイターズでは、 球場で野菜も育てています！

鎌ケ谷スタジアムには、3塁側のスタンド内に、「カビーファーム」という名前の畑があります。ここでは、種まきや収穫などを年間通して行っています。野菜作りを通して食べ物を大切にする気持ちや、みんなでいっしょに食べる楽しさも伝えています。

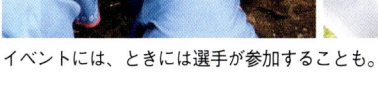
イベントには、ときには選手が参加することも。

ファイターズ鎌ケ谷スタジアムのマスコット「C☆B（愛称はカビー）」もお手伝い。

\切ってチンしてあえるだけ/
ピーマンとパプリカの
おかかあえ

材料（2人分）
ピーマン‥‥‥‥2個（80ｇ）
パプリカ（黄）
‥‥‥‥‥‥½個（70ｇ）
A［しょうゆ、砂糖
‥‥‥‥各小さじ1
削り節‥‥‥‥‥‥‥½袋
すり白ごま‥‥‥‥小さじ1

作り方
1 ピーマンとパプリカは細切りにする。耐熱皿に入れ、ラップをかけて電子レンジで2分加熱する。
2 軽く水けをきり、Aを加えて混ぜ、削り節とごまを加えてあえる。

エネルギー 39kcal	たんぱく質1.8ｇ	脂質1.0ｇ	炭水化物6.6ｇ
	P 17% :	F 21% :	C 62%

\選手もよく食べる人気のメニュー/
にんじんシリシリ

材料（2人分）
にんじん‥‥１本（200ｇ）
ツナ缶（油漬け）
‥‥‥‥‥‥‥1缶（80ｇ）
卵‥‥‥‥‥‥‥‥‥‥１個
塩、こしょう‥‥‥‥各適量

作り方
1 にんじんはせん切りにする。ツナは油を軽くきる。
2 フライパンを熱してツナとにんじんを入れ、塩、こしょうをふり、にんじんがしんなりするまで炒める。
3 卵をときほぐして加えて、卵にしっかり火が通るまで炒める。

エネルギー 182kcal	たんぱく質10.8ｇ	脂質11.4ｇ	炭水化物9.2ｇ
	P 24% :	F 56% :	C 20%

材料（2人分）

カットわかめ（乾燥）…2g
レタス ………2枚（40g）
きゅうり…大⅓本（40g）

A
┌ 酢、しょうゆ
│　……各小さじ1強
└ 砂糖 ………小さじ½

作り方

1 わかめは水でもどし、水けをきる。レタスときゅうりは細切りにする。
2 ボウルに**A**を混ぜ、**1**を加えてあえる。

変わり酢の物

エネルギー 12kcal	たんぱく質0.7g	脂質0.1g	炭水化物2.7g
	P 20% ：	F 5% ：	C 75%

材料（2人分）

水菜………………40g
もやし………⅓袋（60g）
ベーコン（ハーフタイプ）
………………2枚
ドレッシング（好みのもの）
………………適量

作り方

1 耐熱皿にもやしを広げて水を少々（分量外）ふり、ラップをかけて電子レンジで2分加熱する。水菜とベーコンは食べやすい大きさに切る。
2 フライパンを熱し、ベーコンをカリカリに焼く。
3 もやしの水けをきって水菜と混ぜ合わせ、器に盛る。ベーコンをのせてドレッシングをかける。

水菜ともやしのサラダ

エネルギー 56kcal	たんぱく質2.5g	脂質4.0g	炭水化物3.1g
	P 17% ：	F 62% ：	C 21%

\小松菜はアクが少ないので下ゆでなしでOK/
レンジでおひたし

材料（2人分）
小松菜 …… ½束（100 g）
だし汁 ………… 100mℓ
しょうゆ ……… 小さじ1
削り節 …………… 適量

作り方
1 小松菜は5cm長さに切り、耐熱容器に入れる。だし汁としょうゆを加えて軽く混ぜ、ラップをかけて電子レンジで2分30秒加熱する。
2 全体を混ぜ合わせ、汁けを軽くきって器に盛り、削り節をのせる。

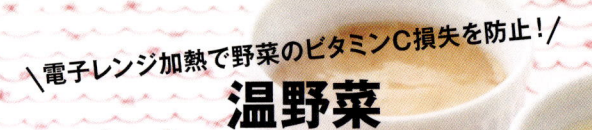

エネルギー 12kcal	たんぱく質1.5g	脂質0.1g	炭水化物1.7g
P 44%	F 8%	C 48%	

\電子レンジ加熱で野菜のビタミンC損失を防止！/
温野菜
2種のディップ添え

材料（2人分）
じゃがいも
　……… 小1個（100 g）
かぼちゃ ………… 100 g
にんじん …… ¼本（50 g）
ブロッコリー
　………… ⅛株（50 g）

チーズソース
プロセスチーズ
　………… 30 g
牛乳 ……… 大さじ2
固形コンソメ（砕く）
　………… ¼個分

みそマヨソース
マヨネーズ … 大さじ2
みそ ……… 大さじ1
はちみつ …… 小さじ1
七味唐辛子 …… 少々

作り方
1 じゃがいも、かぼちゃ、にんじんはひと口大に切る。ブロッコリーは小房に分ける。
2 耐熱皿にブロッコリー以外の野菜を並べ、水大さじ1（分量外）をふる。ラップをかけ、電子レンジで2分加熱する。ブロッコリーを加え、再びラップをかけて電子レンジで2分加熱する。
3 耐熱容器にチーズソースの材料を入れてラップをかけ、電子レンジで1分加熱して混ぜる。みそマヨソースの材料は混ぜ合わせる。
4 器に野菜を盛り、ソースを添える。

エネルギー 272kcal	たんぱく質8.4g	脂質14.1g	炭水化物28.8g
P 12%	F 46%	C 42%	

ブロッコリーの
おかかあえ

材料（2人分）

ブロッコリー
………… ½株（130ｇ）
めんつゆ（3倍濃縮）
…………… 小さじ1
削り節 …………… ½袋

作り方

1 ブロッコリーは小房に分け、軸の部分は皮をむいて食べやすい長さの棒状に切る。塩（分量外）を入れた熱湯でゆで、ざるにあげて水けをきる。
2 **1**、めんつゆ、削り節を混ぜ合わせる。

エネルギー 27kcal	たんぱく質3.5ｇ	脂質0.3ｇ	炭水化物4.0ｇ
P 42%	F 9%	C 48%	

野菜の南蛮漬け

材料（2 ～ 3人分）

なす …… 大1本（100ｇ）
ピーマン …… 1個（35ｇ）
パプリカ（赤）
………… 小1個（90ｇ）
かぼちゃ ………… 130ｇ
オクラ ……… 4本（40ｇ）
油 ………… 大さじ2 ～ 3

南蛮酢
酢 ………… 150㎖
砂糖 …… 大さじ4 ½
しょうゆ …… 大さじ3
酒、みりん
……… 各大さじ2
一味唐辛子 …… 適量

作り方

1 鍋に南蛮酢の材料を入れ、ひと煮立ちさせる。
2 なすは輪切りにする。ピーマンとパプリカは食べやすい大きさに切る。かぼちゃは薄切りにする。オクラは板ずりして水で洗い、がくをぐるりとむく。
3 フライパンに油を熱し、**2** を入れ、弱火～中火で軽く焦げ目がつくまでじっくり揚げ焼きにする。
4 容器に **3** を入れ、**1** をかける。あら熱がとれたら冷蔵庫で冷やす。

エネルギー 254kcal	たんぱく質2.8ｇ	脂質13.4ｇ	炭水化物27.5ｇ
P 5%	F 50%	C 45%	

レンジでなすの煮びたし

\少しおくと、やわらかく煮たような味に/

材料（2人分）
なす‥‥‥‥2本（160g）

A
- だし汁‥‥‥‥100ml
- 酒、しょうゆ、ごま油
  ‥‥‥‥各小さじ1

削り節‥‥‥‥‥‥適量

作り方
1 なすは食べやすい大きさに切る。

2 耐熱皿にA、なすを入れて軽く混ぜ、ラップをかけて電子レンジで6分加熱する。軽く混ぜ、5〜10分おいて味をなじませる。

3 器に盛り、削り節をのせる。

エネルギー 44kcal	たんぱく質1.6g	脂質2.1g	炭水化物4.7g
	P 15% :	F 43% :	C 42%

白菜のみぞれスープ

\スープにすれば溶け出た栄養素ごと食べられる/

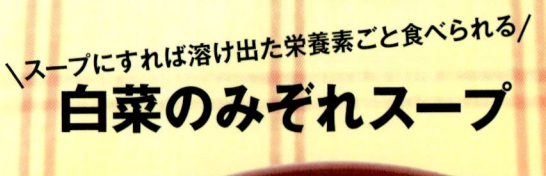

材料（2人分）
大根‥‥‥‥大1/6本（200g）
白菜‥‥‥‥‥1枚（80g）
ブリ（切り身）
　‥‥‥‥‥1切れ（100g）
酒、塩‥‥‥‥‥各少々
昆布（5cm角）‥‥‥‥1枚

A
- 酒‥‥‥‥‥大さじ2
- みりん、しょうゆ
  ‥‥‥‥各大さじ1
- 塩‥‥‥‥‥適量

ゆずの皮（せん切り）
　‥‥‥‥‥‥適宜

作り方
1 大根はすりおろし、軽く水けをきる。白菜の葉は5cm幅のざく切りにし、軸はそぎ切りにする。

2 ブリは6等分に切り、酒と塩をふる。フライパンを中火で熱してブリを焼き、キッチンペーパーで余分な油をふきとる。

3 鍋に水400mlと昆布を入れて火にかけ、沸騰する直前に昆布をとり出し、Aで調味する。白菜の軸とブリを加えて中火にかけ、煮立ったら白菜の葉を加えて3分ほど煮る。

4 大根おろしを加えてひと煮立ちさせ、椀に盛ってゆずの皮を飾る。

エネルギー 202kcal	たんぱく質12.4g	脂質8.9g	炭水化物10.5g
	P 29% :	F 47% :	C 24%

材料（2人分）

じゃがいも …1個（150g）
かぶ…… 小2個（100g）
かぶの葉…………… 適量
豚こま切れ肉…… 150g

A
- 酒………… 大さじ1
- しょうゆ…… 小さじ2
- 砂糖、ごま油、片栗粉
  ………各小さじ1

作り方

1 じゃがいもは薄切りにし、水にさらす。かぶは薄切りにし、葉は刻む。豚肉にAを加えて混ぜる。
2 耐熱皿にじゃがいも、かぶ、豚肉を重ね、軽く押さえる。ラップをかけ、電子レンジで10分加熱する。
3 かぶの葉をのせ、再びラップをかけて3分加熱する。

\大根や白菜を使うのもおすすめ/
じゃがいもとかぶの重ね蒸し

エネルギー 250kcal	たんぱく質17.8g	脂質9.8g	炭水化物20.2g
P 30%	: F 37%	:	C 34%

材料（2人分・4個分）

じゃがいも …1個（120g）
玉ねぎ……… ¼個（50g）
鶏むね肉………… 80g
バター…… 小さじ2（8g）
パン粉………… 大さじ4
油…………… 小さじ1

塩、こしょう…… 各少々
牛乳……… 小さじ1〜3
（コロッケだねのかたさにより調整）
つけ合わせ（レタスなど）、
中濃ソース…… 各適宜

作り方

1 じゃがいもは2cm角に切り、やわらかくなるまでゆで、熱いうちにつぶす。玉ねぎはみじん切りにする。鶏肉は皮をとり除いて5mm〜1cm角に切る。
2 フライパンにバターを中火でとかし、パン粉を加えて軽く色づくまで炒め、とり出す。
3 2のフライパンに油を熱し、玉ねぎと鶏肉を炒め、塩、こしょうをふる。
4 じゃがいも、3、牛乳を合わせ、4等分にして小判形にととのえ、2のパン粉をつける。オーブントースターの天板にクッキングシートを敷いて並べ、焦げ目がつくまで5分ほど焼く。
5 器に盛り、つけ合わせを添え、ソースをかける。

\炒めたパン粉をつけて焼き、カロリーダウン/
焼きコロッケ

エネルギー 175kcal	たんぱく質11.3g	脂質6.7g	炭水化物17.0g
P 26%	: F 35%	:	C 39%

じゃがいもチヂミ

\じゃがいものビタミンCは熱に強い！/

材料（2人分）

じゃがいも ‥2個（300 g）
にら‥‥‥‥‥ ½束（40 g）
ちりめんじゃこ
‥‥‥‥大さじ5（20 g）
塩‥‥‥‥‥‥‥‥‥ 少々
ごま油‥‥‥‥‥‥ 大さじ2
いり白ごま‥‥‥‥‥ 適量
ポン酢しょうゆ、コチュ
ジャン‥‥‥‥‥各適量

作り方

1 じゃがいもはすりおろす。にらは2 〜 3cm長さに切る。
2 ボウルに**1**、ちりめんじゃこ、塩を入れて混ぜ合わせる。
3 フライパンにごま油を熱し、**2**を薄く広げ入れ、弱火〜中火で焼く。焼き色がついたら裏返し、フライ返しで押しつけながら、両面に焼き色がつくまで2 〜 3回返しながら焼く。
4 食べやすい大きさに切って器に盛り、ごまをふり、ポン酢しょうゆとコチュジャンを添える。

エネルギー 275kcal	たんぱく質6.9g	脂質14.3g	炭水化物29.8g
	P 10%	F 47%	C 43%

切り干し大根の もっちりチヂミ

\シャキシャキともちもちの食感がおいしい/

材料（2人分）

切り干し大根（乾燥）
‥‥‥‥‥‥‥‥ 30 g
ほうれん草
‥‥‥‥‥ ½束（100 g）
長ねぎ‥‥‥‥‥ 10cm
豚バラ薄切り肉‥‥ 50 g

A［
卵‥‥‥‥‥‥‥ 1個
水‥‥‥‥‥ 100㎖
鶏がらスープの素
‥‥‥‥ 小さじ1 ］

薄力粉‥‥‥‥‥ 50 g
いり白ごま‥‥ 大さじ2
ごま油‥‥‥‥ 小さじ2
ポン酢しょうゆ‥‥ 適量

作り方

1 切り干し大根は、水でもどして水けを軽く絞り、3cm長さに切る。ほうれん草はかために塩ゆでして冷水にとり、水けを絞って4〜5cm長さに切る。長ねぎはみじん切りにする。豚肉はひと口大に切る。
2 ボウルに**A**を入れて混ぜ、薄力粉を少しずつ加え、ダマにならないよう混ぜる。切り干し大根、ほうれん草、長ねぎ、ごまを加えてよく混ぜる。
3 フライパンにごま油を熱し、豚肉を並べ、その上に**2**を薄く広げる。弱火で5分、裏返して3〜4分、こんがり焼き色がついて中に火が通るまで焼く。
4 食べやすい大きさに切り、ポン酢しょうゆを添える。

エネルギー 372kcal	たんぱく質12.5g	脂質20.8g	炭水化物33.3g
	P 13%	F 51%	C 36%

材料（2人分）

- にんじん …………… 20g
- ごぼう ……… ¼本（40g）
- こんにゃく ……… 40g
- 油揚げ ……… ⅔枚（20g）
- 油 …………… 小さじ1
- だし汁 ………… 400㎖
- しょうゆ ……… 小さじ2
- 酒 ………… 大さじ1½
- 小ねぎ（小口切り）
  …………… 小さじ1

作り方

1 にんじん、ごぼうはせん切りにする。こんにゃく、油揚げは短冊切りにする。

2 鍋に油を熱し、にんじん、ごぼう、こんにゃくを炒める。油揚げ、だし汁を加え、野菜がやわらかくなるまで煮る。

3 しょうゆ、酒で味をととのえて、椀に盛って小ねぎを散らす。

\具だくさんだから栄養も食べごたえもばっちり/

けんちん風具だくさん汁

エネルギー 93kcal	たんぱく質3.3g	脂質5.3g	炭水化物6.3g
	P 15%	F 56%	C 29%

材料（2人分）

- 大根 …………… 100g
- にんじん ………… 20g
- ほうれん草 ……… 30g
- 鶏むねひき肉 ……… 50g
- 油 …………… 小さじ1
- しょうが（すりおろし）
  …………… 小さじ½

A
- 鶏がらスープの素
  ……… 大さじ1弱
- 水 ………… 400㎖
- しょうゆ …… 小さじ1

片栗粉 ………… 小さじ2

作り方

1 大根とにんじんは、ピーラーで薄く削ぐ。ほうれん草は熱湯でゆでて冷水にとり、水けを絞って3㎝長さに切る。

2 鍋に油、しょうがを入れて弱火にかけ、香りが立ったらひき肉を加えて炒める。肉の色が変わったら**A**、大根、にんじんを加えて煮る。野菜がやわらかくなったらほうれん草を加える。

3 片栗粉を水大さじ1（分量外）でといて加え、とろみをつける。

\春雨やうどんを入れてもOK/

野菜と鶏ひき肉の とろとろスープ

エネルギー 94kcal	たんぱく質6.5g	脂質4.2g	炭水化物7.1g
	P 28%	F 41%	C 31%

ファイターズがタッグを組む
農業女子「Links（リンクス）」のレシピを公開！

ファイターズ×Linksで未来のアスリートを応援！

農業女子「Links」は、北海道で農業を営む女性たちが集まって作った、若手女性農業者集団です。北海道の農業を盛り立てようと、さまざまな形でとり組みを行っています。

そのひとつが、ファイターズといっしょに行っている「農業女子Fight！プロジェクト」。道産野菜を使って未来のアスリートの体作りを応援するなど、双方の発想を形にしています。

https://www.fighters.co.jp/expansion/nougyoujoshi_fight/

Linksの野菜を使った料理を食べる中島卓也選手と近藤健介選手。

栄養士の意見もとり入れて開発されたメニューを試食する選手たち。

選手サロンに並ぶLinksの野菜を使ったメニュー。

エネルギー 174kcal　たんぱく質8.6g　脂質8.5g　炭水化物17.1g

\和風と洋風どちらのおかずにもマッチ/
豆乳スープ

材料（2人分）
ウインナソーセージ…2本	ブロッコリー……大½株
じゃがいも…………½個	油……………小さじ1
にんじん…………20g	固形コンソメ………1個
玉ねぎ……………½個	塩、こしょう……各少々
	豆乳……………180㎖

作り方
1 ソーセージ、じゃがいも、にんじん、玉ねぎは1㎝角に切る。ブロッコリーは小房に分ける。

2 鍋に油を入れてソーセージを炒め、じゃがいも、にんじん、玉ねぎを加えて炒める。水300㎖とコンソメを加え、野菜がやわらかくなるまで煮る。

3 ブロッコリーを加えてさっと煮て、塩、こしょうで味をととのえる。豆乳を加え、火を止める。

野菜たっぷり ハンバーグ丼

材料(2人分)

ハンバーグ
- 鶏むねひき肉 …… 150g
- 玉ねぎ(みじん切り) ………… ½個分
- とき卵 ……… ½個分
- パン粉 …… ¼カップ
- 牛乳 ……… 大さじ1
- 塩、こしょう …各少々
- チーズ(1cm角)… 20g

- 玉ねぎ(薄切り) … ¼個分
- なす(輪切り) ……… 1本分
- ズッキーニ(輪切り) ………… ¼本分
- パプリカ(赤・黄など。2cm角) ………… ¼個分
- にんじん(せん切り) ………… ⅓本分
- 油 ……… 大さじ1
- にんにく(みじん切り) ………… 1片分

A
- みりん …… 大さじ2
- 酒、コチュジャン ……… 各大さじ1
- しょうゆ …… 小さじ2
- 中濃ソース … 小さじ1

- ごはん ………… 400g
- レタス(ちぎる) ……2枚
- トマト(くし形切り) ………… ½個分
- 温泉卵(市販) ………2個

作り方

1 ハンバーグを作る。耐熱容器に玉ねぎを入れ、ラップをかけて電子レンジで3分ほど加熱し、冷ましておく。パン粉は牛乳でしめらせておく。

2 ひき肉に塩を加え、粘りが出るまでよく練る。**1**、とき卵、こしょうを加えてよく混ぜ、チーズを加える。2等分にして楕円形にととのえる。

3 フライパンに油小さじ2、にんにくを入れて弱火にかけ、香りが出たら玉ねぎ、なす、ズッキーニ、パプリカ、にんじんを加えて中火で炒め、とり出す。

4 フライパンに残りの油を熱し、**2**を焼き、とり出す。

5 **4**のフライパンに**A**を入れ、**3**、**4**を戻してからめる。

6 器にごはんを盛り、レタスをのせ、**5**を盛る。トマト、温泉卵を添える。

エネルギー 763kcal	たんぱく質37.5g	脂質16.3g	炭水化物109.1g

エネルギー 62kcal	たんぱく質3.8g	脂質2.3g	炭水化物6.4g（1個分の栄養値）

レンジでかぼちゃの チーズケーキ風

材料(紙カップ6個分)

- かぼちゃ …… 80g+60g
- 水きりヨーグルト(プレーンヨーグルトを30分ほど水切りしたもの) ………… 160g
- 砂糖 ……………… 50g
- とき卵 ………… 1個分
- 薄力粉 ……… 大さじ2

作り方

1 かぼちゃは耐熱容器に入れ、ラップをかけて電子レンジで2分30秒加熱する。

2 80gのかぼちゃは皮をとり除き、つぶす。60gのかぼちゃは2cm角に切る(飾り用)。

3 ボウルにつぶしたかぼちゃ、ヨーグルト、砂糖、とき卵を入れ、泡立て器でなめらかになるまで混ぜる。薄力粉をふるい入れ、さっくりと混ぜる。

4 紙カップに**3**を流し入れ、飾り用のかぼちゃをのせる。ラップをかけ、電子レンジで6分10秒加熱する。竹串を刺して、生地がつかなければよい。加熱が足りなければ、1分ごとにとり出して確認しながら、再加熱する。

2 朝食を食べよう

1日**3**回食べる

朝食が体の元気を
作り出します

朝食には、次の2つの役割があります。

①1日の体内リズムをととのえる

朝の光を浴び、朝食を食べることで、眠っていた体が活動モードへ切り替わります。

②必要な栄養量を満たす

朝食を食べることで、食事量が不足しがちな人（成長期、特にエネルギー消費量の多いスポーツをする子ども。1回の食事量が少なくなりがちな高齢者。外食などが多い人など）の栄養量を満たします。

このように、朝食は体調管理や体作りにとても大切な役割を持つため、ファイターズでは朝食をとても重要視しています。

◎ 朝食を食べるためのヒント

休日も朝食時間をずらさない
リズムが体に刻まれるので、食べることや起床が苦になりません。

炭水化物、たんぱく質を優先にとる
朝から栄養バランスをととのえるのは難しいでしょうから、まずは、炭水化物（ごはん、パン、シリアル、めん）、たんぱく質（卵、肉、魚、納豆など）をとればOKです。

朝食を定番化する
曜日ごとなどでメニューを定番化すると、考える負担がなくなって習慣化しやすくなります。副菜の野菜やパンの種類を変えるだけでも変化をつけられます。

すぐに食べられるものを用意しておく
冷凍ごはん、パン、シリアル、牛乳、トマト、トマトジュース、卵、納豆、ハムなどがあると手軽に食べられます。

まずは朝食をとりやすい
環境をととのえましょう

朝食をとったほうがいいとはわかっていても、食欲がなかったり時間がなかったりすることもあるでしょう。そこで、朝食を食べるためのヒントを紹介します（左下参照）。

ただし、その前にチェックしておきたいことがあります。あなたは朝起きたときに「おなかがすいた」と感じますか？ 「はい」の人は夕食の量と時間が適している証拠なので問題ないのですが、「いいえ」の人は夕食の量と時間を見直す必要があります。まずは、起きたときに空腹を感じるくらいに夕食を調整しましょう。

では、具体的にどんな朝食を食べればいいのでしょうか。朝食を食べる習慣がない人は、まずはSTEP 1からスタートし、徐々に栄養バランスのよい朝食を目指しましょう。

また、献立に悩む人向けに、栄養バランスがよく、調理も簡単な朝食を1週間分紹介します（P68参照）。夕食の献立例も載せたので、そちらもご活用ください（P70参照）。

朝食の栄養バランスをよくする方法

STEP 1

↓

パンと牛乳

STEP 2

↓

ハムをプラスする

体を作るためのたんぱく質と、パンに含まれる炭水化物をエネルギー源として使うために欠かせないビタミンB_1がとれます。

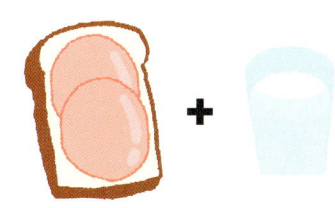

STEP 3

↓

サラダをプラスする

おなかの調子をととのえる食物繊維、糖質や脂質の代謝に必要なビタミンB_1・B_2、抗酸化作用を持つビタミンCがとれます。

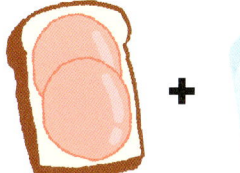  

STEP 4

↓

牛乳にココアパウダーを混ぜる

ココアパウダーをプラスすることで、食物繊維、鉄の摂取量がグンとアップします。

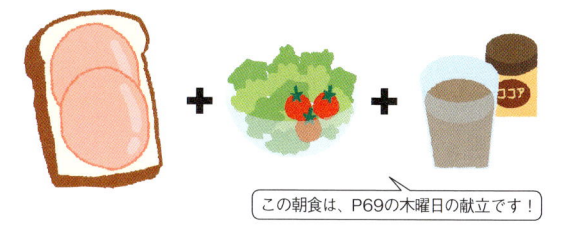

この朝食は、P69の木曜日の献立です！

STEP4の献立でとれるエネルギー量は1食分の約60％ですが、たとえば、補食に小さめのおにぎり（70ｇ）とみかん1個をプラスすると、82％にまでアップします。
朝が苦手な人は、まずSTEP4のような献立が食べられるようになるとよいですね。
食欲があるときは、サラダにゆで卵をプラスしたり、主食の量を増やしたりしてアレンジしてください。

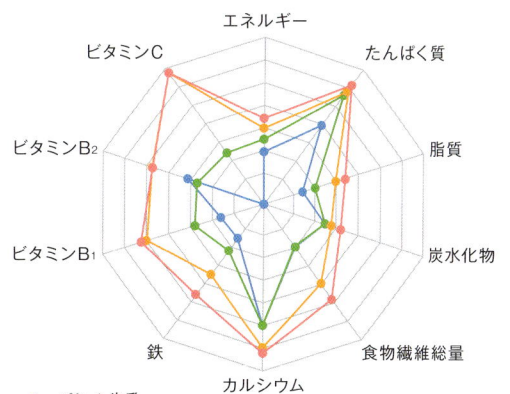

- ● パン＋牛乳
- ● パン＋牛乳＋ハム
- ● パン＋牛乳＋ハム＋サラダ
- ● パン＋牛乳＋ハム＋サラダ＋ココアパウダー

※15 ～ 17歳男子、身体活動レベルⅡの1日に必要な量の1/3で計算

1週間の朝食献立例

朝食作りを楽にするポイント!

1. そのまま食べられる主菜を利用する
（納豆、卵、ハム、かまぼこ、サラダチキン〈市販品〉など）
2. 温めるだけで食べられる主菜を活用する
（ミートボール〈市販品〉、ソーセージなど）
3. 包丁を使わなくても済む材料を使う
（こま切れ肉、カット野菜など）
4. 夜のうちに食材を切っておく
5. まとめて作る
6. ごはん、パン、めんの冷凍ストックをしておく

月

ロールパン

ソーセージの
ポトフ鍋
（P48）

バナナ
ヨーグルト

アドバイス!
野菜たっぷりのポトフで不足しがちな野菜を摂取。野菜は夜のうちに切っておき、下処理なしのソーセージを使えば簡単です。

エネルギー 594kcal　たんぱく質23.1g　脂質25.8g　炭水化物70.0g　｜ P 16%：F 39%：C 45%

火

食パン

にんじんシリシリ
（P56）

コロコロ野菜の
コンソメスープ
（P75）

いちごジャムのせ
ヨーグルト

アドバイス!
野菜がたくさん食べられる彩りのよい献立。にんじんシリシリと、コンソメスープは、作りおきできるので、まとめて調理すれば次の食事の準備が楽です。

エネルギー 607kcal　たんぱく質24.6g　脂質19.7g　炭水化物83.0g　｜ P 16%：F 29%：C 55%

水

ごはん

納豆卵

ピーマンとパプリカの
おかかあえ
（P56）

牛乳

アドバイス!
納豆と卵は冷蔵庫から出すだけなので、朝にはうってつけの食材です。ピーマンとパプリカは夜のうちに切っておくと朝が簡単です。

エネルギー 684kcal　たんぱく質27.8g　脂質19.3g　炭水化物96.6g　｜ P 17%：F 26%：C 58%

木

食パン

サラダ
（ハム、レタス、ミニトマト）

ココア牛乳

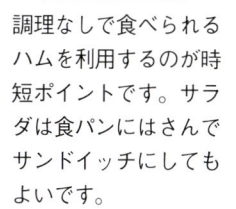

アドバイス！

調理なしで食べられるハムを利用するのが時短ポイントです。サラダは食パンにはさんでサンドイッチにしてもよいです。

エネルギー 466kcal　たんぱく質24.0g　脂質14.8g　炭水化物62.7g　　P 20%：F 28%：C 52%

金

鮭おにぎり

ミートボール
（市販品）

**けんちん風
具だくさん汁**
（P63）

アドバイス！

食材をたくさん使う汁物は、前日の夕飯ついでに作ってしまうのがおすすめ。ごはんはおにぎりにすると食べやすいです。

エネルギー 560kcal　たんぱく質17.5g　脂質13.5g　炭水化物86.8g　　P 13%：F 23%：C 64%

土

ごはん

豆腐チャンプルー
（P52）

みかん

アドバイス！

肉や豆腐、野菜も入った炒め物なら、それだけで主菜と副菜の2つがまかなえます。材料は夜のうちに切っておくと楽。みかんをつけてビタミン補給を。

エネルギー 588kcal　たんぱく質27.9g　脂質11.1g　炭水化物91.6g　　P 19%：F 17%：C 63%

日

ごはん

チキンサラダ
（サラダチキン〈市販品〉、
きゅうり、ミニトマト、マヨネーズ）

**注ぐだけの
春雨スープ**
（P75）

**キウイ
ヨーグルト**

アドバイス！

コンビニでも買える市販のサラダチキンを利用すれば、朝のサラダが充実します。春雨は湯を注ぐだけでもどるタイプのものを活用しましょう。

エネルギー 603kcal　たんぱく質19.2g　脂質13.7g　炭水化物98.6g　　P 13%：F 21%：C 66%

1週間の夕食献立例

栄養バランスがとれた夕食作りのポイント！

❶ **主食、主菜、副菜をそろえる**
➡ 栄養バランスがととのえやすい。

❷ **主菜が油を使ったおかずなら、副菜はノンオイルにする**
➡ 脂質のとりすぎを防ぐ。

❸ **主菜の食材にバリエーションを持たせる**
➡ 肉、魚、大豆製品、卵をとり混ぜると、いろいろな栄養素がとれる。

❹ **主菜にも野菜を使う**
➡ 野菜も加えると栄養バランスや彩りがアップする。

月

ごはん

鮭とたっぷり野菜の
ホイル焼き
（P49）

にんじんシリシリ
（P56）

アドバイス！
鮭のみそだれで、ごはんがすすみます。にんじんシリシリは多めに作り、次の食事の1品にするのもおすすめ。

エネルギー 797kcal　たんぱく質39.6g　脂質19.2g　炭水化物113.4g　　P 20%：F 22%：C 58%

火

ごはん

鯛のピカタ
（P50）

コロコロ野菜の
コンソメスープ
（P75）

アドバイス！
ピカタの卵にパセリを入れてビタミン・ミネラルをプラス。洋風のおかずなので、ごはんをパンやパスタに変えてもよいでしょう。

エネルギー 789kcal　たんぱく質33.3g　脂質21.8g　炭水化物107.9g　　P 17%：F 26%：C 57%

水

ごはん

牛肉の野菜巻き
（P41）

けんちん風
具だくさん汁
（P63）

アドバイス！
牛肉の野菜巻きは、長いも、オクラ、さやいんげんなど好みのものでアレンジOK！ 具だくさんの汁物で満足感が得られます。

エネルギー 765kcal　たんぱく質27.1g　脂質17.5g　炭水化物117.7g　　P 15%：F 21%：C 64%

木

ごはん

**揚げない
かんたん酢豚**
(P46)

**注ぐだけの
春雨スープ**
(P75)

アドバイス！

酢豚を揚げないことと、もも肉を使うことで、脂質量を抑えた献立です。スープに使う春雨、乾燥わかめは買いおきしておくと便利です。

エネルギー 805kcal　たんぱく質32.1g　脂質16.5g　炭水化物127.0g　　P 16%：F 19%：C 65%

金

ごはん

**マーボー
厚揚げ**
(P53)

**変わり
酢の物**
(P57)

アドバイス！

豚肉には炭水化物の代謝に欠かせないビタミンB₁が豊富。ねぎやにんにくといっしょに食べると吸収がよくなります。主菜がしっかりとした味つけなので副菜はさっぱりと。

エネルギー 801kcal　たんぱく質27.1g　脂質24.6g　炭水化物109.1g　　P 14%：F29%：C 57%

土

**カラフル
サーモン丼**
(P33)

**じゃがいも
チヂミ**
(P62)

アドバイス！

丼の具材は加熱なしで食べられるので、切って漬けるだけで簡単！漬けている間にチヂミを焼けば、効率よく調理ができます。

エネルギー 750kcal　たんぱく質28.0g　脂質17.6g　炭水化物115.5g　　P 15%：F 22%：C 63%

日

ごはん

チキンステーキ
(P42)

**レンジで
おひたし**
(P58)

アドバイス！

鶏むね肉は脂肪が少なくたんぱく質が豊富。小松菜には骨を丈夫にするカルシウムとビタミンの両方が含まれます。ともに、アスリートにもおすすめの食材です。

エネルギー 782kcal　たんぱく質30.9g　脂質22.3g　炭水化物107.8g　　P 16%：F 27%：C 57%

シーズンオフの選手に学ぼう！
朝食をしっかりとるには？

朝食をとる時間を確保して
起床と就寝時刻を決めます

　12月からのシーズンオフに入る前に行うカウンセリングで約束することのひとつが「朝食を抜かないこと」です。キャンプでは朝食を食べることがルールで、午前中からトレーニングを行うので、その生活リズムを体に慣らしておく必要があるからです。そこで、朝食を食べる時間を確保するためには、何時に起き、何時に寝ればよいのか、ということを逆算してシミュレーションする方法を伝えています。

　まず決めることは、❶球場に何時に着いていたいか（練習の入り時間）です。仮に9時とすると、次に決めるのは、❷出かけるまでにかかる時間です。ここがシミュレーションするときの最大のポイントで、この時間に必ず「朝食」の時間を設けます。ここまで考えたら、起きる時間がわかります。あとは、❸何時間寝たいかを考えれば、自然と就寝時間がわかります。睡眠時間は人それぞれでしょうが、選手の場合でいうと、たいてい8時間は眠りたいと答えます。これを確保した時刻が就寝時間です。

西川遥輝選手のキャンプ中の朝食。西川選手の朝食量は選手の中でも群を抜いて多い。

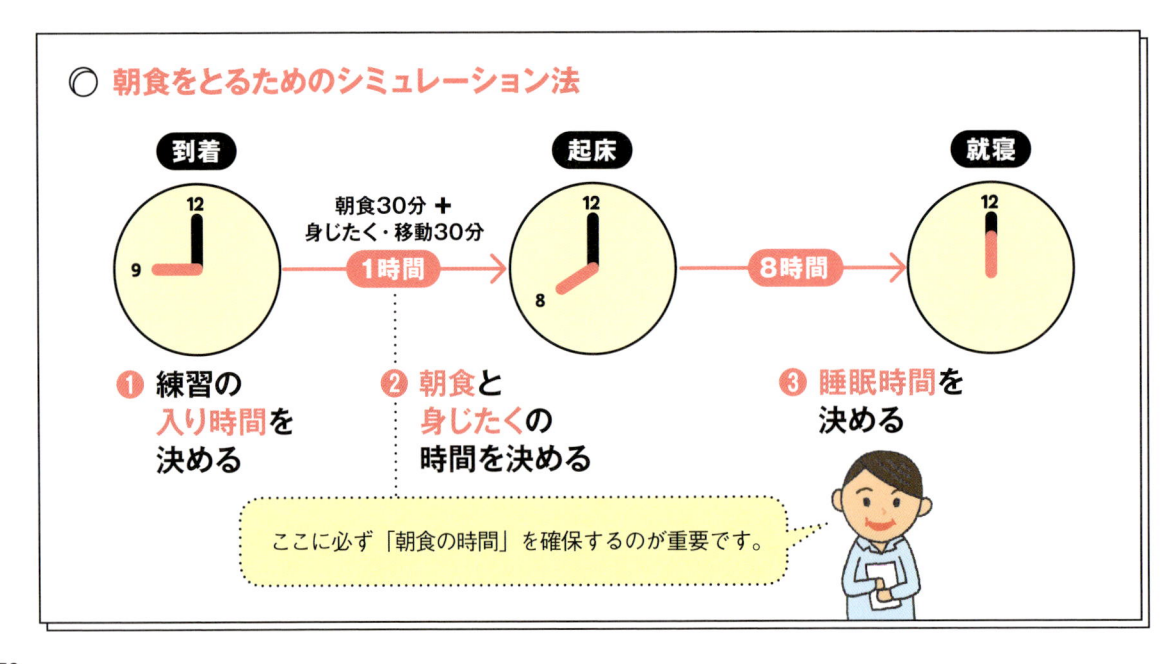

朝食をとるためのシミュレーション法

到着　　　　　　　　　　　　　起床　　　　　　　　　　　　就寝

朝食30分 ＋ 身じたく・移動30分
1時間　　　　　　　　　8時間

❶ 練習の入り時間を決める　　❷ 朝食と身じたくの時間を決める　　❸ 睡眠時間を決める

ここに必ず「朝食の時間」を確保するのが重要です。

忙しいときに活用しよう！
夜遅いときの食事はどうする？

状況に応じた2策で乗りきりましょう

「帰宅が遅くて夕飯が遅くなってしまう」という悩みを抱えている人は少なくないでしょう。でも、そもそもなぜ夜遅い食事がいけないのでしょうか。それは、夕食後はエネルギーの使い道があまりなく、食べすぎると体脂肪として蓄えやすくなるからです。さらに、近年では、体内の時計遺伝子の作用により、夜遅くに食べると体脂肪を蓄えやすくなると考えられています。

そうはいっても忙しくて、なかなか理想どおりにはいかないのが現実かもしれません。そこで、夕食が遅くなるときの方法を2つご紹介します。できればパターン❶を、それが無理なときはパターン❷の方法をとってください。

FIGHTERS COLUMN

ナイターの試合があるときの食事は？

球場で食べる試合前の食事では、選手たちはうどん、そば、おにぎり、バナナなど炭水化物が豊富で消化のよいものを食べています。

試合後はホテルや自宅や寮で遅めの夕食をとります。使ったエネルギーを回復するために食事が必要ですが、体重調整中の選手や、高揚して食欲がない場合は控えめにし、翌朝の食事量を増やすこともあります。

夕食が遅いときの食事方法

パターン ❶ 夕方と帰宅後に分けて食べる

夕方

主食を食べてエネルギー補給

シンプルな具のおにぎり、サンドイッチなど。

→

帰宅後

主菜と副菜を食べ、主食はごくごく軽くするか食べない

肉ならもも肉、ヒレ肉など低脂肪部位を使う。鍋もおすすめ。

パターン ❷ 昼食をしっかり食べて、夕食を軽くする

昼食

腹もちのいいものを選んで食べる

しょうが焼き定食、アジフライ定食、酢豚定食など。単品メニューではなく定食形式のものがベスト。

→

帰宅後

主菜と副菜を食べ、主食はごくごく軽くする

おすすめはみそ汁、ミネストローネ、野菜のごまあえ、白身魚やチキンのソテー、おでん、お茶漬け、パスタサラダなど。油控えめのものを。

帰宅後の食事は低脂肪を心がけてください。脂質は消化に時間がかかるため、眠っている間にも消化を行わなければならず、休息モードに入れません。

2 1日3回食べる 水分をしっかりとろう

食事からの水分摂取も忘れずに

水分補給のポイントは、のどが渇く前に、そしてこまめに飲むことです。普段の生活では、水やお茶などがおすすめです。

水分というと飲み物を思い浮かべがちですが、汁物はもちろん、主食、野菜、果物にも水分は含まれるので、食事をとることも水分摂取につながります。特に朝食には睡眠時に失われた水分をとり戻す役割もあるので、きちんと食べましょう。

運動中の水分補給は、集中力維持や運動パフォーマンスを保つために欠かせません。どのくらい補えばよいのかというと、ファイターズでは、運動前の体重の2％以内の体重変化にするようにと選手に話しています。たとえば運動前の体重が80kgならば、1.6kg以上変化させないようにするということです。そのため、ファイターズでは、運動の前後に体重をはかっています。

スポーツ観戦中に熱中症になるケースも珍しくありません。観戦中には水やお茶、必要に応じてスポーツドリンクで水分をとるように心がけてください。なお、アルコールには利尿作用があるので、注意が必要です。

スポーツドリンクは飲み方に注意が必要です

「運動するときはスポーツドリンクがいい？」といった質問を受けることがあります。スポーツドリンクの活用は、「1時間以上の運動をするとき」というのをひとつの目安としましょう。

また、「スポーツドリンクは薄めると吸収が速い？」と聞かれることもあります。スポーツドリンクは、夏など暑いときの活動や、スポーツなどでたくさん汗をかくときに、効率よく水分・ミネラル・エネルギー量が補給できるように設計されています。薄めてしまうと、汗で失われるミネラルを補給しきれず、体液の濃度を一定にしようとして利尿を引き起こし、脱水の原因になります。甘くて飲みにくいと感じて薄めたときは、ひとつまみ程度の食塩を足すとよいでしょう。

しかし、発汗がそれほど多くないときに大量に飲んだり、日常的に用いたりすると、糖分や塩分をとりすぎることもあるので、必要に応じて活用をすることを心がけましょう。

※参考URL
公益財団法人日本スポーツ協会　熱中症を防ごう
http://www.japan-sports.or.jp/medicine/heatstroke/tabid523.html

食事からとれる水分量

総重量の半分以上が水分ですね。日本人は水分摂取量の約50％が食品由来といわれています。

※参考文献　日本人は50％が食品由来
…Tani Yら, Eur J Clin Nutr,69,907-13(2015)

	おにぎり2個 	トマト½個 	きゅうり½本 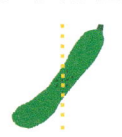	卵1個	
食品の重さ	約200g	約100g	約50g	約50g	計約400g
水分量	約120g	約94g	約48g	約38g	計約300g

『日本食品標準成分表2015年版（七訂）』（文部科学省）より作成

材料（1人分）

春雨（湯を注ぐともど
　るタイプのもの）
　………… 1個（7g）
わかめ（乾燥）……… 1g
鶏がらスープの素
　………… 小さじ½
貝割れ菜………… 少々

作り方

1 器に春雨、わかめ、鶏がらスープの素を入れ、湯180
㎖を注いで軽く混ぜる。
2 春雨がやわらかくなったら、貝割れ菜をのせる。

\もう一品ほしいときにも役立つレシピ/
注ぐだけの春雨スープ

エネルギー 29kcal	たんぱく質0.5g	脂質0.1g	炭水化物6.8g
	P 7%	F 2%	C 90%

材料（2人分）

玉ねぎ ……… ⅕個（40g）
大根 ……………… 40g
にんじん…… ⅕本（40g）
じゃがいも
　……… 小½個（40g）
ベーコン（ハーフタイプ）
　………………2枚
固形コンソメ ………2個
塩、こしょう……各少々

作り方

1 野菜は1cm角に切る。ベーコンは食べやすい大きさに切
る。
2 鍋にベーコン、野菜の順に入れて炒め、玉ねぎが透き通っ
たら水600㎖とコンソメを加え、野菜がやわらかくなる
まで煮る。塩、こしょうで味をととのえる。

\ベーコンと野菜を炒めて煮るだけだから簡単/
コロコロ野菜の
コンソメスープ

エネルギー 87kcal	たんぱく質2.4g	脂質4.2g	炭水化物10.2g
	P 11%	F 43%	C 46%

1日3回食べる
2 補食を上手に 活用しよう

補食とは食事回数を 増やすことです

スポーツ選手が補食を活用するメリットはおもに2つです。

①不足する栄養素やエネルギーが補える

②タイミングや1日のスケジュールに応じて栄養補給ができる

ファイターズのファームの選手を例に考えると、ほかの選手と同じように食べても体重の維持が難しいとき、体重の増量時に食事量を増やすことが必要なとき、体調により食事量が十分でないときは、食事回数を増やす意味で補食を活用します。

特に若手選手は試合前後にも練習があり、食事時間が限られます。限られた環境でも、充分な栄養素と食事量をとり入れる助けとなるのが補食です。

おすすめの補食はいくつかありますが（P111参照）、何を、どのタイミングで、どれくらい食べられるかはその人によって異なります。ですから、自分のベストな補食のとり方を見つけておくことが必要です。そのためには、練習試合などのタイミングにシミュレーションをしてみるとよいでしょう。また、自分の体調を日々記録しておけば、補食がどのように体に影響したかがわかるので、自分にあった補食のとり方を見つけるヒントになります。

> ### ○ 補食はこんなときに活用
>
> - 消費するエネルギー量に対して摂取量が追いつかない（P101の事例参照）
> - 増量にとり組むために食事量を増やしたい（P102〜103）
> - コンディションに応じて食事量の調節をしたい
> - 試合の開始時間に合わせて食事量を調節したい
> - ウエイトトレーニング前後に栄養補給をしたい

FIGHTERS COLUMN

補食のとり入れ方 〜石井一成選手の場合〜

悩み →

体重が落ちやすい

豊富な練習量に対して食事量が少なかったので、1日のスケジュールを見直し、補食のタイミングと補食内容をいっしょに考えました。

対策 →

補食の内容と食べる タイミングを決めた

1日の食事スケジュール（1軍の場合）
10時〜　寮の食事
11時半　球場入り
　→補食（プロテイン、おにぎり）
13時　個人練習　昼食
14時　全体練習→補食（パン、おにぎり）
18時　試合
　→試合後補食（プロテイン、おにぎり）
23時　夕食

結果

体重の減りに改善が 見られるようになった

体重が激減することがなくなりました。増えることもあまりないですが、だんだんとキープできる体になってきていると思います。

材料（直径6㎝を10枚分）

ベーコン（ハーフタイプ）
　……………………2枚
キャベツ……1枚（60g）
長ねぎ …………… 15g
卵 ………………2個
ごはん ………… 100g
油 …………… 小さじ1
中濃ソース、マヨネーズ、
　削り節 ……… 各適量

作り方

1 ベーコンとキャベツはみじん切りにする。長ねぎは小口切りにする。

2 ボウルに卵をときほぐし、**1** とごはんを加えて混ぜる。

3 フライパンに油を熱し、**2** を小さい円形に入れ、両面に軽く焼き色がつくまで焼く。

4 器に盛り、ソースをぬってマヨネーズをかけ、削り節をふる。

\ ミニサイズだから食べる量の調節ができる /

ごはん de お好み焼き

エネルギー 335kcal	たんぱく質11.3g	脂質19.6g	炭水化物26.5g
	P 14%	F 54%	C 32%

材料（200㎖グラス3杯分）

プレーンヨーグルト
　……………… 100g
牛乳…………… 100㎖
砂糖………… 小さじ2
好みの果物（いちご、ブルー
　ベリーなど）…… 100g

作り方

1 ジッパーつきの袋にヨーグルトと牛乳、砂糖を入れて混ぜ、冷凍庫で3時間ほど凍らせる。

2 果物を加え、袋の上から手でもんでなじませる。

\ 乳製品と果物が効率よくとれる /

ミキサーいらずの
フルーツスムージー

（1人分の栄養価：いちご/ブルーベリー）

エネルギー 61/66kcal	たんぱく質2.6/2.4g	脂質2.3g	炭水化物8.0/9.4g
	P 16/14%	F 33/30%	C 51/56%

サンキューの気持ちを大切にごはんを食べよう

選手に聞きました！

Q あなたの食を支えてくれた「ありがとう」を伝えたい人は？

お母さん

高校時代は毎日朝練があったので、5時45分発の電車に乗るのに5時半には家を出ていました。駅までは毎日親が送り迎えをしてくれていました。1年のときは、お弁当を持参しなくてはいけなかったんですが、卵焼きは毎回必ず入っていましたね。ちょっと甘めの卵焼き。よく覚えています。

中島卓也選手

勇翔寮で食事作りに関わるみなさん。

鎌ケ谷勇翔寮のみなさん

食堂のみなさんには、毎日おいしくて豊富なメニューを準備してもらっています。プロ(野球選手)として食に対する意識を高めることは大事ですが、これらの食事のおかげで、自分に必要なメニューを選択する習慣ができました。
好きなメニューは、とろろ、めかぶ、ほっけの塩焼き。食後はいつも「これおいしかったです！」と食堂のみなさんにお伝えしています。

宮台康平選手

お母さん

高校時代の3年間、3合めしのお弁当を持参するのがルールだったので、ぼくと兄の分とで毎日1升の白めしを炊いてくれていました。毎日朝は早くて夜も遅かったので、食事を準備するのは大変だったと思います。丼ものが好きだったので、お弁当も牛丼や親子丼、野菜炒めなど、ごはんに合うメニューにしてくれていました。こないだ久しぶりに実家に帰ったときは、チーズが好きなぼくのために、じゃがいもとチーズのガレットを作ってくれましたね。

杉谷拳士選手

お母さん

高校が通学だったので、朝は6時19発の電車に乗るのに6時にはお弁当を持って家を出ていました。帰りも家に着くのは夜の10時過ぎで、それから夕食だったので、親は本当に大変だったと思います。うちは姉と弟もいるので、帰る時間がみんな違って食事の時間もバラバラだったんですけど、それでも作りおきとかではなく、できたての温かい食事を出してくれていました。好きだったのは、から揚げとか餃子ですかね。から揚げは、にんにくじょうゆで下味をつけてくれていて、自分の好みに合わせて食事を作ってくれていました。帰宅すると「すぐ食べたい！」とか、いろいろわがままを言ってましたけど、いつも手際よく作ってくれてましたね。

松本 剛選手

鎌ケ谷スタジアムの食堂で食事を作る山本さんと下川さん。

鎌ケ谷で食事を作ってくれるみなさん

プロに入り、鎌ケ谷での生活で体が大きくなったので、入団してから毎日食事を作ってくれている鎌ケ谷の寮や食堂の方には感謝しています。いろんなメニューを用意してくれているので、自分で栄養バランスや量を考えて組み立てやすく、ありがたいです。好き嫌いはないので、どこにいても食べる量は減らさないようにしてます。

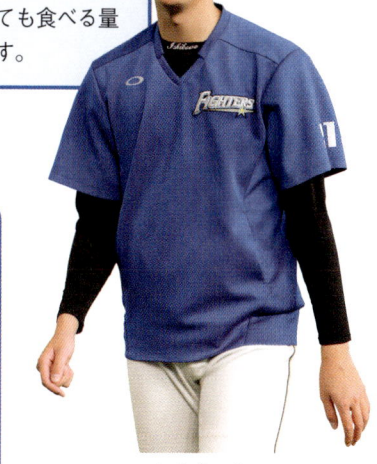

石川直也選手

お父さん

うちは父子家庭だったので、毎日父がお弁当を作ってくれていました。毎日5時半には家を出ていたので、4時半には起きてくれてたんじゃないかなと思います。仕事をしながら朝・昼・晩欠かさず食事を作ってくれていたので、キッチンの前に布団を敷いて寝ていましたし、本当に大変だったと思います。父の作ってくれるお弁当の卵焼きが好きでしたね。

石川 亮選手

管理栄養士の八巻さん

入団当初は栄養の知識がまったくなかったので、八巻さんには細かいことでも何でも質問して、たくさん教えてもらっています。1軍では遠征も多いので、なるべくどの場所にいても選ぶものを決めてます。たとえば、朝食だったら鮭、サバなどの魚類を食べるとか、食事にはなるべくサラダや鶏肉をとり入れるようにするとか。
野菜は、色の濃い野菜をとったほうがよいと八巻さんに教えてもらったので、サラダには、ブロッコリーやトマトを必ずのせ、ほうれん草も積極的に選んで食べています。もちろん、がんばったときには、ごほうびも食べますけどね（笑）。

清水優心選手

お母さん

朝からごはん大盛りで、おかずもたくさん用意してくれました。
特に好きだったメニューは、地元佐賀のシシリアンライスです。

髙濱祐仁選手

おばあちゃん

朝ランニングに出て、帰ってきたら、いつも温かい朝食を用意して待っていてくれていました。特に好きだった朝食は塩むすびと卵焼きです。やさしいおばあちゃんで、いつも食べたいものを作ってくれていました。

堀 瑞輝選手

両親

高校のときは毎朝6時に起きていましたが、起きると同時にごはんができていました。細身だったので、朝食から夕食くらいのボリュームがありましたね。うちは、父親と母親の両方が食事を作ってくれましたが、父親も料理が上手で。スポーツのための食事学についても、いろいろ勉強してくれました。

田中瑛斗選手

両親

両親ともにスポーツ選手だったので、食事には気をつかってくれていました。高校は寮だったので、中学までバランスを考えてしっかり作ってくれました。両親が作ってくれるごはんで好きなメニューは、カレーライス、麻婆豆腐、野菜炒めです。

北浦竜次選手

お母さん

小さいころは、気が向いたら母親と料理を作っていましたね。ハンバーグなら、僕の担当はひき肉をこねるところ。粘りが出るまでこねるんですよ。うどんを生地から作ったこともありました。
こういう母に育てられたので、小さいころから食べることは好きで、好き嫌いはほとんどありませんでした。母親が作ってくれる料理で好きなメニューは、ハンバーグ、タコライス、ひき肉入りの大きいオムレツ。僕、ひき肉料理が好きなんですよ！

郡 拓也選手

お母さん

大学ではひとり暮らしで、自炊をしていました。そこで食事作りの大変さを実感し、これまで母が食事を準備してくれていたことのありがたみを感じました。
僕は好き嫌いがありません。それは母がいろいろなものを食べさせてくれたからだと思っています。今の体を作ってくれた母の食事に感謝しています。

鈴木遼太郎選手

お母さん

高校の間、弁当を買うことが禁止されていたので、毎日手作りの弁当を持たせてくれました。好きだったおかずはから揚げと、豚しそ巻きです。

田中豊樹選手

お母さん

大学から寮生活をしていたため、帰省したときに作ってくれた手料理には特別感があり、とてもうれしかったです。肉じゃが、エビフライ、卵焼きが思い出の味です。

西村天裕選手

お母さん

母は、ジュニアアスリートフードマイスターの資格を持っているので、栄養面のこととかに気をつかってごはんを作ってくれました。中学と高校は、毎日弁当を作ってくれましたし、高校のときは部活が終わる時間に合わせてごはんができていましたね。今から考えると逆算して準備をしてくれたんだなと思います。

清宮幸太郎選手

＼3つの「さん」を実践中！／
選手の食事をのぞいてみよう

① 3つの働きの食べ物をいろいろ食べる

朝食

郡拓也選手の

ボリュームのある
練習日の朝食

主食は、ごはんとコーンフレークを組み合わせて、糖質たっぷり。主菜は、肉・魚・卵・大豆とさまざまな食品を組み合わせ、必要な栄養素をとる工夫が見られます。

昼食

清宮幸太郎選手の

練習日の昼食

主食は、うどんとおにぎりを組み合わせて、糖質をたっぷりと。主菜と副菜は、さまざまな種類を組み合わせて食べています。

夕食

石川直也選手の

理想のPFC比でエネルギー量も満たせている夕食

高たんぱく質で低脂肪の鶏ささみ、鶏むね肉をメインに、主食のごはん、副菜のサラダ、煮物、汁物、海藻のおかずもとれています。

○ ＝ 炭水化物を多く含む食品（主食）　　○ ＝ たんぱく質を多く含む食品（主菜）　　○ ＝ ビタミン、ミネラルを多く含む食品（副菜）

2 1日3回食べる

朝食

昼食

夕食

いつも朝から
しっかり
食べています！

清水優心選手の
**バランスのとれた
1日の食事**

1日に必要なエネルギー量4500kcalを満たすには、朝からしっかり食べることが必要。昼食は午後の試合や練習によって食べられる量も時間も限られるからです。

3 サンキューの気持ちを大切に食べる

選手は「いただきます」、「ごちそうさまでした」を作ってくれた人にきちんと伝えていますね。食材にも感謝し、残さず食べています。
夕食では、野球以外の話をしながら、ゆったり食事を楽しんでいることも多いです。
ナイターを見たいときや、ウエイトトレーニングをしたいときは、短時間でぱぱっと食べる選手もいますが（笑）。常に野球が第一優先なんだなと見ていて思います。

「トレーニングとセット。それで体ができあがる」

どんなに運動をしても食事をちゃんととらなければ、疲れて終わり。体にはなりません。食事は「何をとるのか」、「どんなタイミングでとるのか」をうまくやれば、トレーニングが体によりよいものになると思っています。（井口和朋選手）

「食事の先に、野球の向上がある」

食事は、野球をやるうえで大事なことです。野球選手にとっては体が資本だし、ケガをしないようにしたいです。食事は野球に直結するので、これからも大事にしていきたいと思います。（石井一成選手）

あなたにとって

「食事は野球のあとのお楽しみ」

ぼくにとって食事は楽しみのひとつです。野球に打ち込んでおなかが減っているときに食べるひと口目に毎日楽しみを感じています。（平沼翔太選手）

「練習にはオフがあっても、食事にオフはない」

野球をやっていないときでも、食事は絶対に3食とるようにしています。生活している中で、必ず毎日3回やってくる食事の時間は、どんなトレーニングよりも一番大切だと思っています。（横尾俊建選手）

「食事はトレーニング」

食事はトレーニングのひとつというのは、ダルビッシュから聞きましたが、本当にその通りだと思います。体を大きくするためには、ときにはおなかがいっぱいになっても食べることが必要。もしかしたら、**それは練習よりきついことかもしれません**。栄養学の知識も大事になってくるので、野球とはまた違う分野のトレーニングだと思っています。（宮西尚生選手）

「食べたもので体はつくられる」

学生のときは米を食べればよいという感じでいましたが、プロに入って、たんぱく質もしっかりとらないといけないなと考えを改め、意識して食べています。食べる量も減らさないように気をつけています。ただ体を動かしてトレーニングするだけでは体はできないと思うので、栄養をとって動ける体をつくりたいです。**食べたものが体の一部になっています**からね。（石川直也選手）

食事とは？

「食べることも練習のひとつ」

食に目を向けるようになってから、自分の体重に合わせて1日の摂取量を考えて、これくらい食べれば体重が落ちないなど、ある程度自分の体がわかるようになってきました。これまでは季節によって体重が落ちやすいこともありましたが、平均して維持できるようになってきたかなと思います。ひとつのおかずを多くとるよりは、種類をたくさんとるように心がけています。**食事のとり方がプレーやパフォーマンスにつながる**と思うので、食べることも練習のひとつだと思っています。（森山恵佑選手）

Part 3 カラダをつくる栄養素&
強くなるための工夫
—高いパフォーマンスを発揮するために必要なこと

鉄不足を解消するには？

スポーツ選手は貧血になりやすい?!

　鉄は、赤血球の材料です。赤血球は全身に酸素を運び、二酸化炭素を組織細胞から運び出す働きをしています。ですから、鉄が不足すると、酸素を運ぶ力が足りず、疲れやすい、集中力が続かない、立ちくらみがする、顔色がすぐれないといった症状が起こります。特に酸素を体にとり入れてエネルギーを作り出す持久的な運動では、パフォーマンスの低下にもつながります。

　スポーツ選手においては、発汗や足裏への衝撃などで鉄の損失量が大きくなること、そして、消費しているエネルギー量に対して摂取量が不足することにより貧血になりやすいことが考えられます。

　貧血と診断された人は、鉄を十分にとることに加え、食べた鉄が体の中でしっかり活躍できるような食事、すなわち鉄の吸収率を上げる食べ方をすることが大切です。特に鉄の必要量が多い成長期の選手と女性は、これを意識しましょう。

鉄の吸収率を上げる食事例

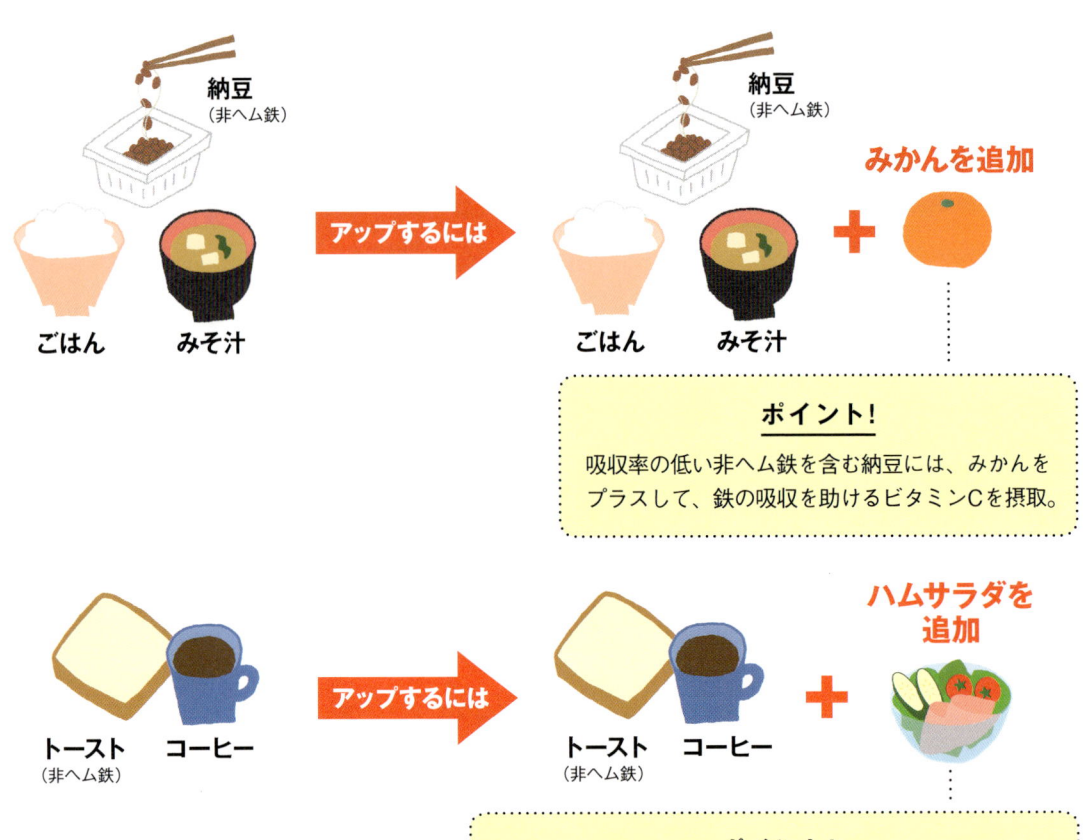

納豆（非ヘム鉄）
ごはん　みそ汁

アップするには

納豆（非ヘム鉄）
ごはん　みそ汁

みかんを追加

ポイント！
吸収率の低い非ヘム鉄を含む納豆には、みかんをプラスして、鉄の吸収を助けるビタミンCを摂取。

トースト（非ヘム鉄）　**コーヒー**

アップするには

トースト（非ヘム鉄）　**コーヒー**

ハムサラダを追加

ポイント！
トーストには、ハムと野菜でMFP（meat獣肉、fish魚、poultry鶏肉）とビタミンCをプラスして、吸収率を上げます。

鉄の吸収率を上げる食べ方をしましょう

　鉄は吸収率が低い栄養素なので、効率のよい食べ方が必要です。鉄を豊富に含む食材には、肉、魚、豆、海藻、野菜などがあり、これらに含まれる鉄は、ヘム鉄と非ヘム鉄に分けられます（下表参照）。吸収率は、肉、魚といった動物性食品に多く含まれるヘム鉄が高く、野菜、乳製品、卵に多く含まれる非ヘム鉄は低くなります。吸収率の低い非ヘム鉄は、ビタミンCやMFP（meat獣肉、fish魚、poultry鶏肉）

をとることにより、吸収率を高めることができるので、豆や野菜を食べるときは、肉や魚介といっしょに食べるようにしましょう。

　赤血球を作るためには、鉄だけではなくビタミンB_{12}、葉酸というビタミンも必要です。ビタミンB_{12}はレバー、魚介類、卵黄、乳製品などの動物性食品に、葉酸はレバー、卵黄、大豆、青菜などに含まれます。

鉄を多く含む食品

ヘム鉄

食品	含有量 (mg) ／ 1回の目安量・使用量
豚レバー	10.4 ／ 1回量（80g）
鶏レバー	5.4 ／ 焼きとり2本（60g）
鶏もも肉	0.4 ／ 焼きとり2本（60g）
牛もも肉	2.0 ／ 1回量（80g）
生鮭	0.4 ／ 切り身1切れ（80g）
サバ	1.2 ／ 切り身1切れ（100g）
カツオ	1.5 ／ 刺し身5切れ（80g）
アサリ	1.5 ／ 10個（正味40g）
シジミ	1.1 ／ 20個（正味20g）

非ヘム鉄

食品	含有量 (mg) ／ 1回の目安量・使用量
ひじき（乾燥）	2.8 ／ 大さじ1（5g）
レンズ豆（乾燥）	2.8 ／ 1回量（30g）
厚揚げ	2.6 ／ ½枚（100g）
豆乳	2.2 ／ 1パック（180g）
納豆	1.7 ／ 1パック（50g）
木綿豆腐	0.9 ／ ⅓丁（100g）
小松菜	2.2 ／ ½束（80g）
水菜	0.8 ／ 1束（40g）
ほうれん草	1.4 ／ ½束（70g）

『日本食品標準成分表2015年版（七訂）』（文部科学省）より作成

　鉄の吸収率は、動物性のほうが植物性よりもすぐれています。ですが、食卓にのぼる回数でいえば植物性のもののほうが多いかもしれません。そのときは、肉や魚介類と合わせて食べたり、ビタミンCをいっしょにとったりして吸収率を上げる工夫をしてください。

強い骨を作るには？

骨の形成にはカルシウム＋ビタミンD・K・C

強い骨を作るために必要な栄養素のひとつにカルシウムがありますが、ビタミンDやビタミンK、ビタミンCなども骨作りにかかわる栄養素です。

ビタミンDは、カルシウムの吸収に必要なたんぱく質の合成を助け、小腸からのカルシウムの吸収を高める働きをします。また、血液中のカルシウムを骨へ運び、カルシウムが骨に沈着するのを助けます。

ビタミンKは、小腸で吸収されたカルシウムを骨にとり込むのを助けます。

ビタミンCは、骨の芯であるコラーゲンの合成促進に不可欠です。

骨作りのためのビタミン類の働き

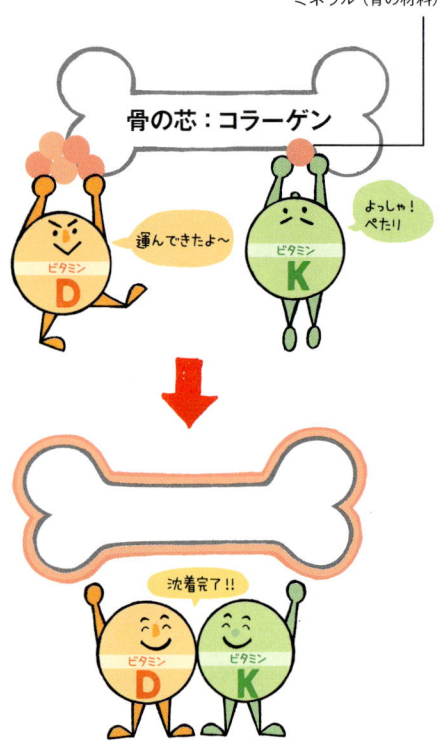

カルシウムやリンなどのミネラル（骨の材料）

骨の芯：コラーゲン

運んできたよ〜

よっしゃ！ぺたり

ビタミン D

ビタミン K

沈着完了!!

ビタミン D

ビタミン K

毎日生まれ変わる骨には毎日栄養を

骨は合成と分解をくり返して、毎日少しずつ生まれ変わっています。カルシウムは骨の材料というイメージが強いかもしれませんが、それだけではありません。筋の収縮やホルモンの分泌などにも使われていて、細胞や血液中にも一定の濃さで含まれています。

もし細胞や血液中のカルシウムが不足すると、骨のカルシウムが使われてしまいます。そのため、骨の健康を維持するためには、骨作りに必要なカルシウムを毎日とることが大切です。

しかし、カルシウムは吸収率が低い栄養素のひとつ。カルシウムの吸収や沈着を助けるビタミンDやビタミンKを多く含む食材（右ページ参照）といっしょに食べるのがポイントです。カルシウムは主食・主菜・副菜・果物など、いろいろな食品から少しずつとれるので、右ページにあるような食材を意識して選びましょう。

注意しておきたいのは、安易にサプリメントでカルシウムを摂取することです。日本人は食事からのカルシウム摂取量は多くないので、普通の食生活では過剰になる心配はありませんが、サプリメントで大量に摂取すると過剰摂取の恐れがあるため、気をつけましょう。

骨の強さを表す指標として骨密度がありますが、骨密度は少年期から思春期の成長期にかけて高まり、20歳前後で最大骨量がピークに達し、40代頃からは、加齢や閉経に伴い、低下していきます。

ですから、成長期は、骨作りにおいてとても大切な時期といえます。また、消費エネルギー量に対して摂取エネルギー量が少ないときも骨を作ることができず、十分な骨密度を確保できません。そのため、成長期は特に食事をしっかりとることが大切です。

骨作りに役立つ栄養素と食材

円が重なっているところは
ふたつの栄養素を含む食材。

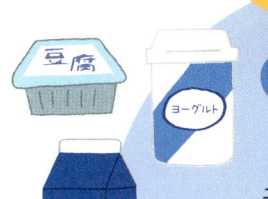

カルシウム

牛乳、チーズ、
ヨーグルト、
干しエビ、シシャモ、
木綿豆腐、厚揚げ、
昆布、いりごま、
切り干し大根、
アーモンド

納豆、
ほうれん草、
青梗菜、小松菜、
春菊、菜の花、
大根の葉、
かぶの葉、
モロヘイヤ、
水菜、ひじき

ビタミンK

にら、からし菜、
あしたば、豆苗、
おかひじき、貝割れ菜、
キャベツ、ブロッコリー、
レタス、めかぶ、
鶏もも肉（皮つき）、
鶏手羽肉

丸干しイワシ、
ウナギのかば焼き、
ちりめんじゃこ

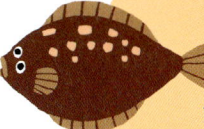

ビタミンD

鮭、ブリ、サンマ、ヒラメ、
カレイ、マカジキ、タチウオ、
キビナゴ、アンコウ（肝）、
スモークサーモン、
干ししいたけ、きくらげ、
まいたけ、しめじ

＋ ## フラクトオリゴ糖

アスパラガス、にんにく、
ごぼう、玉ねぎ、はちみつ

フラクトオリゴ糖は、カルシウムの吸
収を促進したり、ビタミンKを作り出
す腸内細菌の栄養となったりします。

『日本食品標準成分表 2015年版（七訂）』（文部科学省）より作成

強い骨作りの工夫

工夫1

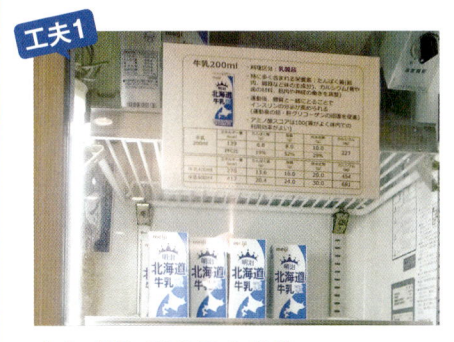

寮や球場では牛乳を常備
手軽に飲めるように小さめのものを常備しています。

工夫2 **キャンプではカルシウムの
豊富なおかずを用意**

朝食や夕食に大きなボウルでヨーグルト
を出しています。小さくカットしたフ
レッシュフルーツやはちみつ、ジャムも
いっしょに提供しているので、選手は好
みの量を器にとり、トッピングして食べ
ています。
また、小鉢で切り干し大根やひじきの煮
物、冷ややっこなどを提供したり、サラ
ダには水菜やわかめなどを入れたりして、
カルシウムがとれるサブおかずも充実さ
せています。

ビタミン・ミネラルの働き一覧表

ビタミンとミネラルは、体の機能を正常に働かせ、健康維持に必要なものです。
おもなビタミン・ミネラルについて、その働きをまとめました。

ミネラルの働き

ミネラル	働き	多く含まれる食品
カルシウム	骨や歯を作る。筋肉の収縮などの働きに必要となる	小魚、牛乳・乳製品、大豆製品、緑黄色野菜
リン	骨や歯を作る。エネルギーの代謝に必要となる	卵黄、肉類、魚介類
ナトリウム	細胞の機能を保つ。筋肉の伸縮の働きを正常に保つ。神経伝達を正常に保つ	食塩、みそ、つくだ煮、漬け物
カリウム	細胞の機能を保つ。筋肉の伸縮の働きを正常に保つ。神経伝達を正常に保つ	野菜類、いも類、果物、納豆
亜鉛	新しい細胞を作ったり、たんぱく質を合成したりするときに必要となる	魚介類、肉類、納豆、玄米
鉄	酸素を運ぶ働きに関係する。酸素を筋肉にとり込む働きに関係する	レバー、魚介類、豆類、緑黄色野菜
マグネシウム	骨を作るのを助ける。血液の循環を正常に保つ。筋肉の収縮をスムーズにする	魚介類、種実類、葉野菜
銅	鉄の吸収を助ける	レバー、甲殻類
マンガン	骨を作ったり分解したりする働きに関係する	穀類、野菜類、豆類

ビタミンの働き

	ビタミン	働き	多く含まれる食品
水溶性ビタミン / ビタミンB群	ビタミンB$_1$	糖質を代謝するときの補酵素として働く	肉類、豆類、魚介類、穀類
	ビタミンB$_2$	糖質、脂質、たんぱく質を代謝するときに必要となる	レバー、牛乳・乳製品、魚介類、卵、緑黄色野菜
	ナイアシン	糖質、脂質を代謝するときに必要となる	魚介類、レバー、種実類
	ビタミンB$_6$	たんぱく質を代謝するときの補酵素として働く	肉類、魚介類、種実類、野菜類
	ビタミンB$_{12}$	赤血球を作ったり、たんぱく質を合成したりするために必要となる	魚介類、肉類、チーズ
	葉酸	細胞を新しくするために必要となる	レバー、葉野菜、納豆、枝豆
	パントテン酸	糖質、脂質、たんぱく質を代謝するときに必要となる	肉類、魚介類、豆類、牛乳
	ビタミンC	コラーゲンを作るときに必要となる。鉄の吸収をよくし、免疫力を強化する	果物、野菜類、いも類
脂溶性ビタミン	ビタミンA	目の正常な働きに必要となる。皮膚や粘膜を正常に保つ	魚介類、レバー、緑黄色野菜
	ビタミンD	カルシウムやリンの吸収をよくし、丈夫な骨や歯を作るのを助ける	魚類、きのこ類
	ビタミンE	細胞の老化を防いだり、血液の流れをよくしたりする	油脂類、緑黄色野菜、種実類、魚介類
	ビタミンK	血液が凝固する働きに必要となる。骨の形成を助ける	葉野菜、納豆、肉類、油脂類

PFC比ってどんなもの?

PFC比は、たんぱく質、脂質、炭水化物の割合です

食事の栄養バランスは、量と質、両方から見ることがポイントです。

エネルギーのもととなる栄養素は、たんぱく質(Protein)、脂質(Fat)、炭水化物(Carbohydrate)の3つです（以下、たんぱく質＝P、脂質＝F、炭水化物＝Cと表記）。

これら3つをどのような割合でとっているかは、栄養バランスの質を評価する指標のひとつです。

「日本人の食事摂取基準」で示されているエネルギー産生栄養素バランス※は、下図の通りです。

※総エネルギー摂取量に占める、たんぱく質、脂質、炭水化物（エネルギーを産生する栄養素）の理想の割合のこと

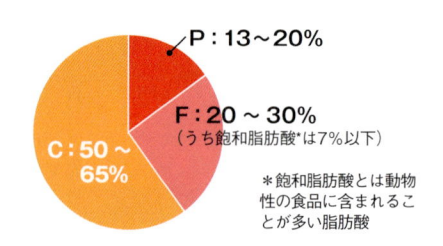

P：13～20%

F：20～30%
（うち飽和脂肪酸*は7%以下）

＊飽和脂肪酸とは動物性の食品に含まれることが多い脂肪酸

C：50～65%

PFCのととのえ方

❶ ごはんに合わせる主菜を選ぶ ⟶ **❷ 副菜をつける** ⟶ **❸ ごはんをよそって完成！**

牛薄切り肉の
ひとロステーキ
P40

C:9%
P:30%
F:60%

❶P：F：C＝
30：60：9

ブロッコリーの
おかかあえ
P59

(P：F：C＝
42：9：48)

C:11%
P:34%
F:56%

❶＋❷
P：F：C＝
34：56：11

(P：F：C＝
6：2：92)

P:16%
F:21%
C:57%

❶＋❷＋❸
P：F：C＝16：21：57

アレンジ

厚揚げの肉巻きソテー(P52)に変えると
P：F：C＝19：27：53となり、これも理想的な献立ですね。

プルコギ風焼き肉(P40)にすると
P：F：C＝14：32：52です。次の食事では脂質(F)の少ない主菜を選びましょう。

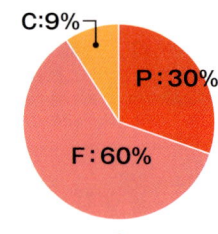

アレンジ

野菜の南蛮漬け(P59)に変えると
P：F：C＝11：29：60なので、次の食事ではたんぱく質(P)の多い副菜を選ぶとよいですよ。

変わり酢の物(P57)に変えると
P：F：C＝15：21：64です。これもよいバランスです。

けんちん風具だくさん汁(P63)に変えると
P：F：C＝14：25：60となり、この組み合わせもよいですね。

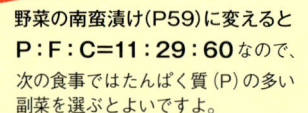

理想的な献立です！

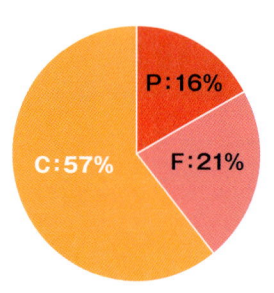

このPFC比で食事を組み立てると、健康を維持できるだけでなく、スポーツ選手の体作り（体脂肪を増やさず筋肉量を増やすこと）にも役立ちます。

PFC比を考えず、エネルギー量だけに着目して食事をとると、たんぱく質が足りなかったり、脂質が多くなったりします。ですから、ファイターズの選手もこの比率をとても意識していて、実際に活用しています。

本書ではPFC比をそれぞれのレシピに記載しています。けれど1品だけを見て、理想のバランスでなかったとしても、その料理が栄養的に劣っているわけではないので、注意しましょう。PFC比は1日の中でバランスをととのえるものです。たとえば、メインにFの割合が多いおかずを選んだとしたら、ほかではFを抑えたり、次の食事でFの割合の低いアイテムを選んだりすればいいのです。このようにして活用してください。

では、どのようにしてPFC比は算出すればいいのでしょうか。選手の朝食を例にPFC比率を計算してみましょう。

FIGHTERS COLUMN

PFCの計算方法 ～清水優心選手の場合～

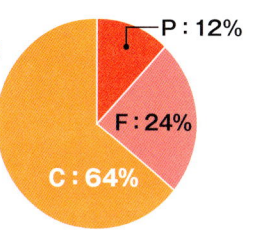

朝食の栄養価

エネルギー	1269kcal
たんぱく質	38.5g
脂質	33.7g
炭水化物	202.9g

各栄養素1gあたりのエネルギー量

			清水選手の朝食のPFC比
たんぱく質	38.5g × 4kcal		= 12%
脂質	33.7g × 9kcal	÷1269kcal×100	= 24%
炭水化物	202.9g × 4kcal		= 64%

P：12%
F：24%
C：64%

選手はPFC比をどう意識してる？

食事だと難しいと感じる人は、加工品など栄養成分表示のあるものを使って練習するといいですよ。選手は牛乳で練習しています。PFC比に対する選手の意識はとても高いですね。外食のときもアプリを使って計算する選手もいるくらいです。「PFC比を意識したら筋量を保ったまま減量できた」と実感した話も聞きますし、「すごく気をつけたのに、まだ脂質が多いの？」と驚く選手もいます。PFC比への意識が栄養バランスをととのえようという気持ちにつながり、よい効果を生んでいるようです。

コンディション維持の工夫

セルフモニタリングで自身の体を把握

　プロ野球はシーズンが3月から11月までと長いうえ、移動、連戦、プレッシャーと選手の心身にかかる負担はとても大きい競技です。ファームの選手であれば屋外での試合や練習がありますし、若手選手であれば体作りのためのトレーニングや技術上達のための練習時間も必要です。しかし、そのような環境であっても、選手はよいパフォーマンスを発揮し、チームと自身が求める体作りの結果を出さなくてはなりません。だからこそ、よいコンディションを維持することがとても大切です。

　ファイターズでは、育成期間の選手は毎朝「セルフモニタリング」を行うことを日課としています。セルフモニタリングとは、その名のとおり、自分自身の体の状態（＝コンディション）をチェックし、記録をすることです。

　たとえば、疲労がたまっていたり脱水があったりすると、脈拍が高値になることがあります。また、クール※の最終日近くになると体が張ってきたり、体重が落ちてきたりする選手もいます。そのときに、数値の変化をモニタリングしていれば、「脈拍が高くなっているから、練習が終わったらいつもより早く寝よう」、「体が張ってきているから、ストレッチを入念にしてグランドに入ろう」、「意識して食事量を増やそう」など、対策をとることができます。こうしたことにより、よいコンディションの維持と体作りにつなげています。

※ファイターズでは、試合と練習日を含め、およそ3〜6日間を1クールとし、休日はクールの間に設けられている

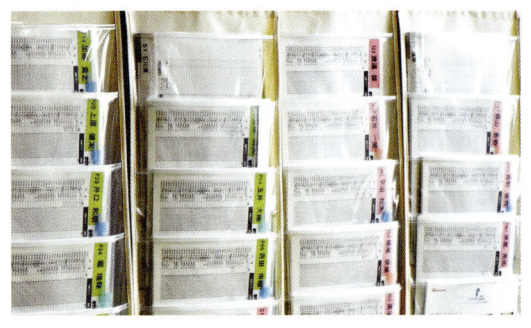

入団後の育成期間のモニタリングデータが蓄積されているファイル。

「セルフモニタリング」で選手がチェック・記録していること

- ●体重
- ●脈拍
- ●体温
- ●就寝時間
- ●体の張りと疲労度（自己評価）
- ●ウエイトトレーニングの記録
- ●そのほか体調などに関してのメモ

みなさんがコピーして使える体調管理表はカバー裏にあります。使い方はP106〜109を参照ください。P106にある選手が実際に記入した体調管理表（※）の実物も見てくださいね。

あなたがとり入れている コンディション維持の工夫は？

当日の練習や天候を見て、脱水が予想されるときには、ドリンクを変えたり、サプリメントを追加したりしています。補食でしっかり糖質をとって、エネルギーを枯渇させないようにも気をつけています。疲れたときは、梅干しやクエン酸ですね。もずく、めかぶ、とろろなども積極的にとります。体調管理表のメモ欄に記録をなるべく細かく残すことも入団以来、継続しています。

宮台選手の春季キャンプ（左）とシーズン中の夕食。理想的な組み合わせができています。

宮台康平選手

しんどくてもスタイルを変えず、自分のバランスや調子を維持させることを心がけています。夏場は、米を食べにくく感じるので、めんに変えて糖質量を落とさない工夫をしています。

あとは、交代浴（冷たい水と熱い湯に交互に入る入浴法）をしたり、ビジョントレーニング（眼球を鍛える運動）をしたり、穴の開いたメガネで遠くを見るとすっきりするので、こうしたこともやっていますね。寝る前にコップ1〜2杯の水を飲んで脱水を防ぐことも意識してやっていることです。

今井順之助選手

立田選手の夏の食事（上）と秋の食事。エネルギー量としては同じくらいとれています。

水分を意識してとるようにしています。あとは、年間を通して食事量をなるべく変えないことも心がけていますね。

夏はクーラーの効いたところにずっといないようにしていて、寝るときはタイマーをかけ、体温を下げすぎないように気をつけます。あとは、動くときは動き、休むときは休むというように、オンとオフの切りかえをしっかりすることも、コンディションをキープするためには必要だなと思っています。

立田将太選手

高濱祐仁選手

豚キムチを食べると元気になるので、疲労回復したいときにはよく食べますね。あと、夏はどうしても食欲が落ちてしまうので、ごはんを茶碗2杯は必ず食べるルールを作って、夏でも春や秋と同じ食事量を維持するようにしています。食事以外では、交代浴を実践しています。あとは、しっかり睡眠をとることです！

健康を維持するためには衛生管理も重要です

コンディション維持は、体の状況を把握して対策をとることだけではありません。たとえば、「手洗い」もコンディション維持のとり組みのひとつです。手を洗うことで、細菌やウイルスが手を介して体に入るリスクを減らせます。選手の食事は、トングやしゃもじを共有するバイキング形式がほとんどなので、自身だけでなくチームのためにも手洗いは大切です。

こうしたことは、講習会を開いて選手に伝えます。講習会の内容は多岐にわたり、下にあげたようなさまざまな話をします。

講習会で伝えていること

❶ 手洗いのポイント

野球選手ならではの、マメや皮膚の固くなったところは洗い残しが多いですね。こうしたところや、爪のまわりの洗い残しに注意するように話します。

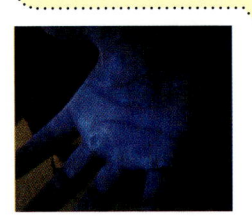

蛍光塗料を使った手洗いチェックの結果。青く光ったところが洗い残し。

❷ 食品の保存法

「補食の保存は冷蔵?」といった質問を選手から受けます。食品は、表示に従って保存をするように伝えています。

❸ ドリンク容器の洗浄法

プロテインを溶かして飲む容器は洗剤を使って洗い、よく乾かすようにと話します。

FIGHTERS COLUMN

ファイターズでは、「イミダの力®」も活用しています

「イミダの力®」は、鶏肉に多く含まれるイミダゾールジペプチド(イミダ)を配合したサプリメントです。日本ハム(株)中央研究所では、15年以上をかけてイミダの研究開発にとり組み、「イミダの力®」を完成させました。「イミダの力®」を春季キャンプで全選手に提供し、シーズンに備えたハードなトレーニング期間をサポートしています。

「食べたくなる工夫」がされた寮の食事

豊富な運動量に見合う食事量を食べることも体作りの一部です。しかし、多くの選手が「量を食べることが大変」と漏らすように、「たくさん食べなさい」と言葉で言うだけでは食が進みません。

そこで、ファイターズでは、無理矢理ではなく、自然と食べてしまうようなさまざまな工夫をしています。

たとえば、毎年、暑くなりはじめる5月ごろから夏本番の7〜8月にかけて、食欲減退や体重減少に悩む選手がいます。食事が十分にとれないと、体重減少はもちろんのこと、回復が遅れて疲れやすくなり、体調をくずしてしまうこともあります。

そこで、夏場は冷たくてのどごしのよいそうめんと冷ややっこを交互に提供し、食べられる工夫をしています。また、朝食のごはん（米）を食べやすくするために、定番の明太子に加えて、日替わりで「食欲増進アイテム」を準備しています。たとえば、鶏そぼろや、なめたけ、とろろなど。アイテムはたくさん用意し、飽きないよう工夫しています（P31参照）。これらをお茶漬けにして、水分補給も兼ねて食べる選手もいます。

このように、食欲がないときには、酸味を効かせてさっぱりと食べられるようにしたり、カラフルな料理やごはんの進むおかずを用意したりして、調理にも工夫が必要です。

夏の寮の食事には、のどごしのよいそうめんを用意。米がしっかり食べられるように、ごはんのおともも多数並ぶ。

選手に聞きました!

Q 夏場の食事の工夫は何してる？

暑くなってくると食欲が落ちがちですが、食べやすい冷たいものを口にします。そうめんがお気に入りアイテムです。

体重をキープするため、果物、卵など好きな食べ物をとり入れ、3食食べることを意識しています。

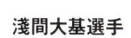
浅間大基選手

難波侑平選手

体重を
コントロールしよう

体重コントロールには増量、減量、維持があります

スポーツ選手がパフォーマンスを高めるために行う体重コントロールには、増量と減量、維持があります。増量はエネルギー摂取量＞エネルギー消費量、減量はエネルギー摂取量＜エネルギー消費量、維持はエネルギー摂取量＝エネルギー消費量です。この状態を食事と運動量の調節で作り出すことで、体重コントロールは可能になります。

私たちの体重は、大きくは体脂肪と除脂肪体重（LBM）の２つに分けることができます。除脂肪体重とは、脂肪以外の体重、つまり骨格筋（これが約50％を占める）、脳、内臓、骨などです。スポーツ選手が体重コントロールを行うときは、体重だけに目を向けるのではなく、パフォーマンスを高める要のひとつである筋肉量を維持あるいは増やし、体脂肪量を維持あるいは減らすことが大切です。

ファイターズでは、選手による日々の体重測定の値、年に３回行う身体組成や形態測定（上腕や大腿などの周囲径測定）の結果、食事調査の結果を使って、体重コントロールのプロセスと結果を確認しています。個々人に必要なエネルギー量の目安は計算式で出すことができますが、運動量や食事量、天候や体調はいつも同じではありません。そこで、日々の体重測定を継続することで、運動量と食事量のバランス、目標体重への到達度を確認し、調整をしています。

選手のウエイトコントロールは、試合・トレーニング・練習をこなしながら行う必要があり、それは簡単なことではありません。そこで、選手はオフや休みの前日はのびのびと食事をするなど、ウエイトコントロールにもオフ日をもうけ、無理なく続ける工夫をしています。これはみなさんにもぜひおすすめしたい工夫です。

体脂肪量、除脂肪体重の算出方法

体脂肪量(kg)＝体重(kg)×体脂肪率(%)×0.01
除脂肪体重(kg)＝体重(kg)－体脂肪量(kg)

体脂肪率は、家庭にも普及している体脂肪計で測定できますが、体の水分量の影響を大きく受けます。測定のポイントは、食事後、運動後や入浴後を避けることと、いつも同じ条件で行うことです。

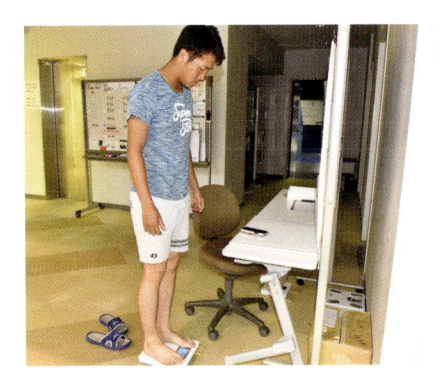

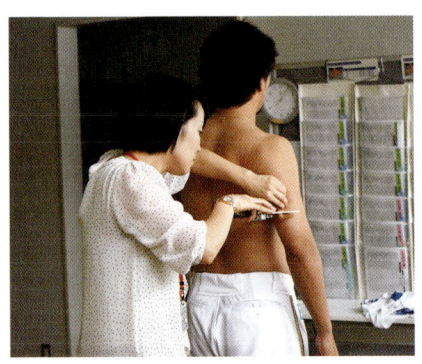

体重を維持するには、補食の活用が有効

　選手が1年の中で、もっとも大きく体重のコントロールを行うのがオフ期間です。この期間に作った体、あるいは調子がよいと感じる体重をシーズン中に維持することも大切な体重コントロールです。

　シーズン中の体重維持が難しいケースで特に多い

のが、選手は筋肉量が多く基礎代謝が高いために普通に生活していても消費するエネルギーが多いケース、豊富な運動量に伴って消費されるエネルギー量が多い一方で十分な量の食事をとりきれないケースです。このような場合は、補食（P76参照）を活用し、食事量を増やします。

　実際に体重維持にとり組んだ選手の例をみてみましょう。

体重維持の方法 ～上原健太選手の場合～

悩み

体重の維持が難しい

↓

対策

● 3回の補食をとり入れた
● 自分のペースを守り、時間をかけてでもしっかり食べた

↓

結果

朝食

主食は水分補給をかねた食べやすいお茶漬けとコーンフレークにし、夏場も食事量をキープする工夫が見られます。

夕食

自炊した夕食は、ゴーヤーチャンプルー、肉のソテーとごはんが進む主菜を用意し、主食・主菜・副菜をそろえてバランスも意識しています。

補食（夜食）

自炊した補食。タコライスとマッシュルームスープ。体重をキープするために好みの料理をとり入れて、おいしく食べることも大切にしています。ほかに補食としてプロテイン、バナナ、パンなども活用しました。

以前は、日によって、体がふわふわするような軽さを感じることもありましたが、今は体重を維持できるようになりました。なので、ちょっとずつ増やすことも意識できるくらいになっています。

最大限のパフォーマンスを出すうえで、自分の体をコントロールし、その元となるのが食事だと思います。食事のことを気にするようになってから体調への不安が少なくなり、プレーに集中できるようになったことが一番の収穫です。

ぼくは、どんなにがんばっても食べるのに時間がかかる。それならとことん自分のペースで、食べられるだけ食べようと思っています。ほかの選手には、「まだ食べているのか」、「どんだけ待たせるのか」とよくからかわれますけどね。

体重の増量は
筋肉の量で増やすのがベスト

選手が望む増量は、単に体重の数字だけを増やすのではなく、「体脂肪はなるべく増やさず、できるだけ筋肉量で体重を増やす」ことです。

ファイターズでは、永澤らの方法（日本臨床スポーツ医学会誌21,2011）を参考に、選手が体重を維持できるエネルギー量に1000kcal（PFC比としてP：F：C＝20％：30％：50％）をプラスして食べる方法をとっています。1000kcalとは、選手が

筋量を増やすには、トレーニングも重要。頻度や内容は個人によってさまざまで、トレーナーのアドバイスや指導を受けながらとり組んでいる。

オフ前の講習会では、適切なPFC比率でエネルギー量が増やせるよう、補食に向く身近な食品を用いて栄養計算の実習を行う。そうすることで、最適な補食を選択する知識がつく。

普段食べている約1食分程度の食事量を増やすことに当たります。この食事量を継続的に維持するためには、選手一人ひとりが、自分のスケジュールや食事内容と向き合い、食べるタイミングと食べるもの、その量を計画することが必要です。選手によっては、食事からだけではたんぱく質量が不足するときに、たんぱく質が補給できるプロテインサプリメントを使ったり、炭水化物を計画的にとるために、買いおきができるエネルギーゼリーを使ったりしています。

具体的に選手は1000kcalをどのように増やしているのかを右ページで見てみましょう。

1000kcalを増やしたとり組み例

~渡邉諒選手の場合~

講習会の課題に取組み、選手が実際に補食を組み立てた例

目指すエネルギー &PFC比率	エネルギー(kcal)	P/たんぱく質(g)	F/脂質(g)	C/炭水化物(g)
	1000	50.0	33.0	125.0

	エネルギー (kcal)	たんぱく質 (g)	脂質 (g)	炭水化物 (g)	メモ
プロテイン	83	15.0	1.8	2.7	
〃2	83	15.0	1.3	2.7	
ごはん	188	2.5	0.3	37.1	
春雨スープ	114	2.5	3.8	17.0	
ゼリー飲料(180kcal)	200	0	1.2	21.0	
ミニ豆腐	72				
ランチパック	163	4.8	8.3	18.4	
コーンフレーク70g	114	23	0.5	25.1	
オレンジジュース	84	1.4	0.2	21.4	

> エネルギーバランスは、ほぼ完璧です！朝食や夕食で食事量を増やす(ごはん、コーンフレークなど)工夫だけでなく、遠征先でも役立つ市販品を活用した現実的な組み合わせ(カロリーメイト、ランチパックなど)も考えられています。

~岸里亮佑選手の場合~

現状の食事にプラスする1000kcalのアイテムを栄養士といっしょに検討した例

今の食事にプラス1000kcal☆

朝食

	ご飯+100g	納豆50 g	ヨーグルト100g	合計	PFC比
エネルギー(kcal)	154	100	67	321	
たんぱく質(g)	2.3	8.3	4.3	14.9	19%
脂質(g)	0.3	5	0.2	5.5	15%
炭水化物(g)	33	6.1	11.9	51	64%

夕食

	ご飯+100g	しらす(大さじ2)	くだもの100g	牛乳200ml	合計	PFC比
エネルギー(kcal)	154	23	48	134	359	
たんぱく質(g)	2.3	2.2	0.7	6.6	11.8	13%
脂質(g)	0.3	1.5	0	7.6	9.5	24%
炭水化物(g)	33	0	12.5	9.6	55.1	61%

補食

	ジューシーロースト	バナナ1本	ゆでたまご1個	100%柑橘ジュース 200ml	合計	PFC比
エネルギー(kcal)	58	103	76	84	321	
たんぱく質(g)	11.7	1.3	6.5	1.4	20.9	26%
脂質(g)	0.4	0.2	5	0.2	5.8	16%
炭水化物(g)	1.8	27	0.2	21.4	50.4	63%

1日合計

	朝食	夕食	補食	合計	PFC比
エネルギー(kcal)	321	359	321	1001	
たんぱく質(g)	14.9	11.8	20.9	47.6	19%
脂質(g)	5.5	9.5	5.8	20.8	19%
炭水化物(g)	51	55.1	50.4	156.5	63%

> 球団が用意する食事や補食をうまく活用しながら、自分でも好みの補食を準備し、無理なく継続できるように工夫しました。長期的に熱心にとり組み、増量に成功した今でも、外食時にはスマホのアプリを活用し、PFC比に気を配りながら食事をしているようです。

選手に聞きました! Q どのように増量を実践した？

> プロに入って誰よりも早く増量にとり組み始めました。プラス1000kcalを実践して、トレーニングを続け、7か月で約7kg増量！これからも食のとり組みを継続していきます。

田中瑛斗選手

> やせやすい体質のため、うまく体重コントロールできるか心配でしたが、日々体重モニタリングしながら必要な主食量をとり続け、プロ2年目には体脂肪率を増やさず増量に成功しました！

吉田侑樹選手

減量は、筋量をキープしつつ体脂肪量を減らします

パフォーマンス向上のために減量が必要になることもありますが、減量とは体重の数値を減らすことではありません。「筋肉の量を保ちつつ、ときには増やしたりしながら、体脂肪量だけを減らす」。これが選手の目指す減量です。

選手に多いケースは、増量時に体脂肪が増えすぎたので脂肪を落としたいといったものや、高校の部活引退後に体脂肪が増えてそのまま入団したというもの。こうした理由で減量が必要なときは、トレーナーと相談し、有酸素運動もトレーニングにとり込みながら、下表にあるようなことを話します。

では、選手はどのようにして減量（体重コントロール）にとり組んでいるのか具体的に見てみましょう。

◯ 減量するためのアドバイス

油と脂が多い料理を食べすぎない
油を使った料理を食べすぎないようにしましょう。脂肪の少ない部位を選んだり、魚介類を活用したりするとよいです。

お菓子を食べすぎない
特に洋菓子のほうが脂肪もエネルギーも高い傾向にあるので注意しましょう。

中華、洋食の外食回数を減らす
脂肪を多くとりがちなので、頻度を少なくしたり、サイドメニューを活用したりするとよいです。

アルコールのおつまみは、低脂肪、高たんぱく質のものを選ぶ
たとえば、冷ややっこ、刺し身、枝豆、いか焼きなどはおすすめです。

減量するときは、まわりに公言して、協力してもらうのも効果的です。

減量の方法
～井口和朋選手の場合～

2016年11月

食事栄養カウンセリングを行い、現状を分析

- 外食時は総エネルギーに占める脂肪の割合が多くなる傾向がある

食事調査結果をもとに、栄養士からアドバイスを受ける

- メニューの選び方を工夫し、外食の頻度を少なくする必要がある

行動目標を立てる

- 高たんぱく質、低脂肪のおかずを選ぶ
- 食事時間を見直す
- 有酸素運動をとり入れる

きっかけは？

プロに入る前からずっと気にはしていたんです。「体重をコントロールすれば、もっとうまくやっていけるのでは？」という思いもありました。自分で勉強すればよかったんですが、なかなか自分の近くに教えてくれる人がいなくて。1年目にこの体じゃだめだと感じました。ちゃんと1年間戦っていける体になりたいと思ったんです。

自主トレーニングスタート

- トレーニングは週に3～4日で、1日休むペースで行う
- 体重測定は毎日行い、記録する

＼こんな食事をしていました！／

朝食

主菜は魚、卵、大豆と種類豊富。フレッシュなサラダもたっぷり。ごはん、コーンスープ、バナナジュース、果物で糖質を朝からしっかりチャージできています。

夕食

メインはビーフシチュー。脂質が多いメニューですが、組み合わせているおかずは、ボイル肉とたっぷりの野菜、サラダ、煮物と高たんぱく・低脂肪を意識しています。

途中どうだった？

はじめは、毎日有酸素運動をするとか、自分が好きなものを食べられないこととかをがまんするのは苦しかったです。ぼくの好きなものは、カロリーが高いものが多かったんですよ（笑）。
でも、慣れてくると自分が意識してやっているという気持ちよさがあり、体が変わっていく感覚も心地よかったです。慣れてきてしまえば、よいサイクルに入れます。

2017年2月

見事、体重コントロールに成功！

	とり組み前	とり組み後
体重(kg)	78.2	77.0
体脂肪率(%)	18.3	13.8
除脂肪体重(kg)	63.9	66.7

体重はほぼキープしたまま、体脂肪が減っているのは、筋肉の量が増えた証拠です。理想的な体重コントロールです！

終えての感想は？

ぼくは体脂肪がつきやすいんですが、体重コントロールの方法を学ぶことで、これをクリアできたので、今後もいかしていけていると思います。体重の変動が前よりも少なくなったと思いますし、食事も安定してとれています。前のように1週間で2～3kg増えるようなこともありません。
今回の体重コントロールの自己評価は80点ですね。自ら考えて行動し、体の作り直しに成功したと思っています。増やした筋量はシーズン中もキープしたいです！

体調管理表を活用しよう

記入例

日にち	曜日	予定	体重	体重グラフ		脈拍
				①		
7/1	日	練習試合 10:00〜	55.0 kg			66
7/2	月		54.5 kg			80
7/3	火		55.1 kg			68
7/4	水	室内練習 16:00〜	54.9 kg			68
7/5	木		55.4 kg			66
7/6	金		55.2 kg			68
7/7	土	練習 13:00〜	55.8 kg			70
/			kg			

体重グラフ目盛り: 54　54.5　55　55.5　56　56.5 （②）

体重をはかることが体重管理につながります

　ファイターズでは、体重をはかる習慣を身につけるために、育成対象の選手は、体重を毎日はかり、記録することをルールにしています。チェック項目は、2006年から改良を重ねたもので、体重とともに体調を記す欄もあります。いわば、「自分の体日記」ともいえるものです。

　選手は、自分の目標体重や過去の記録から、現在の体重と食生活を自己評価することができます。実は、このふり返りがとても重要。目標体重を達成する選手、体重を一定にコントロールできる選手は、体重をよくはかり、グラフ化したり、以前の記録と比較したりしています。

　そこで、選手も実施している体調管理表（※）をご紹介します。これは、どこでも気軽にでき、家庭やチームでも簡単に活用できるものです。ぜひ毎日、自分自身の体と向き合う時間をとり、記録することを習慣にしてください。

選手に聞きました！ Q 体重をはかることでの変化は？

　どれだけ食べたら体重が増えるのか、逆に減るのかがだんだんわかってきました。毎日はかった数値は、記録することも大事です。それによって、体重と動きやすさの関係がわかってくるので。こうして自分の体と向き合う時間を持つと、なんとなく練習に入るのではなく、その日の体のことを確認してから練習を始めることができます。毎日継続することは、お風呂に入ったりトイレに行ったりと同じ感覚ですね。

平沼翔太選手

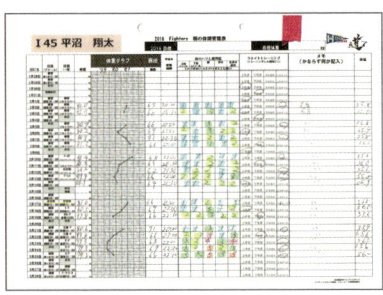

ラフ 65 70 75	昨夜の就寝時間	体調に関する自己チェック				メモ	体温
		食欲	疲労	ケガや痛み	目覚め		
		1(とてもわるい)←3(ふつう)→5(とてもよい)					
	22:00	5	4	5	4	集中して頑張る！	36.3
	21:30	3	2	4	3	疲れがのこっている（太もものハリ）	36.9
	22:00	3	2	4	3	昨日よりよくなった。ストレッチの効果？	36.6
	22:30	4	4	5	4	太もものハリがとれた	36.4
	22:00	4	3	5	4	体調◎ 練習頑張る！	36.4
	21:30	5	3	2	3	のどに少し痛みあり。カゼ？	36.3
	22:15	3	3	3	4	のどの痛み少しよくなった。	36.6

体調管理表の記入の仕方

❶ 起床時に体重をはかって記入をします

※起床時は食事や衣類の影響を受けにくく、体重の基礎的な変動を見るのに適しているためです。

↓

❷ 脈拍をはかって記入します

脈拍のはかり方

1 人指し指と中指の2本（または薬指を加えた3本）をそろえて、手首の関節の少し下の親指側に触れ、脈が打っているのを確認します。

注意 親指ではかるとうまく脈がとれなかったり、親指の脈が混ざったりするのでNG。

2 そのまま1分間測定します。

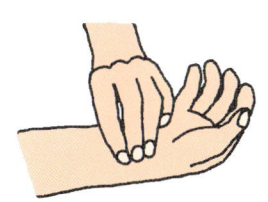

❸ 前日の就寝時間を記入します

↓

❹ 体調に関する項目を5段階で自己評価します

※空欄のところは、自由に項目を設けて活用してください。

↓

❺ 気になることなどをメモ欄に記入します

※ケガをしたならばどんな対策をとることで回復したのか、風邪をひいたならば考えられる原因や場所、対応方法など、具体的に書いておくのがポイント。

↓

❻ 体温をはかって記入します

体調管理表をつければ

体重の記録からわかること

減少

摂取エネルギー<消費エネルギー

- 一時的に脱水や食欲不振、疲労などにより食事量、水分摂取量が少なかった
- 意図せず長期的ならば、体重や体脂肪の管理、調整が必要
- 計画しての減量成功。身体組成を確認する

増減なし

摂取エネルギー=消費エネルギー

食事量と活動量のバランスがとれている状態

増加

摂取エネルギー>消費エネルギー

- 一時的に食事量、水分摂取量が多かった
- 意図せず長期的ならば、体重や体脂肪の管理、調整が必要
- 計画しての増量成功。身体組成を確認する

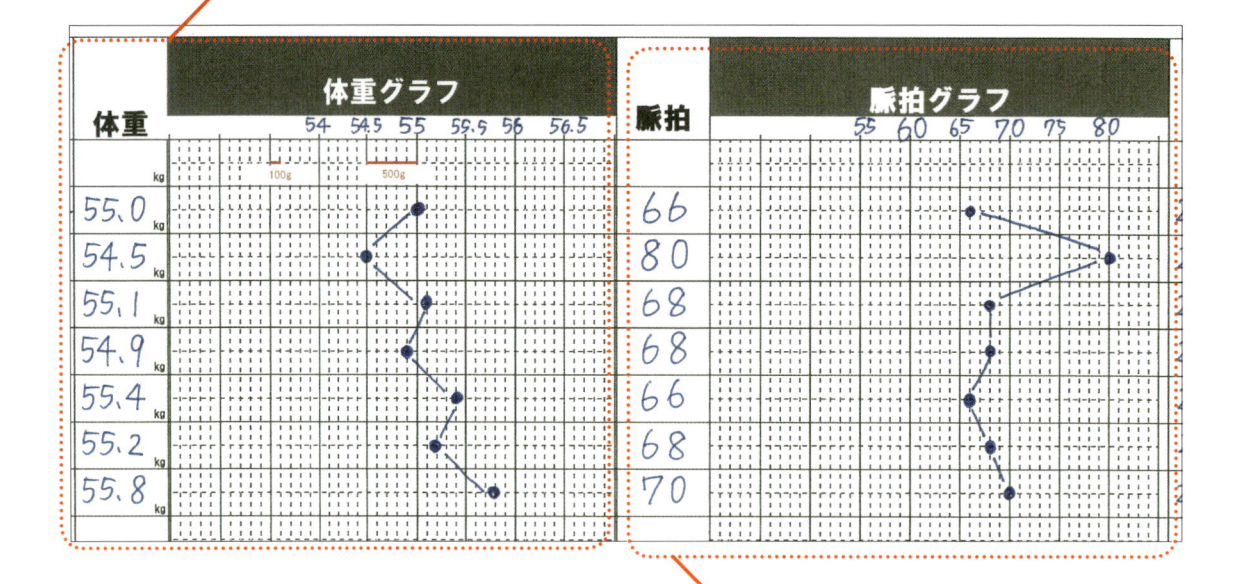

体重	体重グラフ	脈拍	脈拍グラフ
55,0 kg		66	
54.5 kg		80	
55,1 kg		68	
54,9 kg		68	
55,4 kg		66	
55,2 kg		68	
55,8 kg		70	

脈拍の記録からわかること

- 脈拍は疲労、緊張、熱、脱水で高くなるので、自分の体調を知る目安になる
- 長期的な記録により、常時の脈拍を把握できる

こんなことがわかります！／

就寝時間の記録から
わかること

- 十分な睡眠時間が確保できているか
- 生活リズムが整っているか

体調の記録からわかること

- 自分の好調・不調の状況をふり返る手がかりになる
- 記憶だけではあいまいなことも多く、忘れがち。
  メモに残すことで次に同じ状況になったときに役立つ

昨夜の就寝時間	体調に関する自己チェック					メモ	体温
	食欲	疲労	ケガや痛み	目覚め			
	1(とてもわるい)←3 (ふつう)→5 (とてもよい)						
22:00	5	4	5	4		集中して頑張る！	36.3
21:30	3	2	4	3		疲れがのこっている（太もものハリ）	36.9
22:00	3	2	4	3		昨日よりよくなった。ストレッチの効果？	36.6
22:30	4	4	5	4		太もものハリがとれた	36.4
22:00	4	3	5	4		体調◎ 練習頑張る！	36.4
21:30	5	3	2	3		のどに少し痛みあり。カゼ？	36.3
22:15	3	3	3	4		のどの痛み少しよくなった。	36.6

体温の記録からわかること

- 長期的な記録により、平熱が把握できる
- 発熱をしていないか
- 脱水を起こしていないか

 選手に聞きました！

Q 体調管理表を記録するメリットは？

ぼくたちも体調管理表を活用していましたよ！

「パフォーマンスアップのために増量したい」、「体重を維持したい」など、新たな目標を発見できました。

モニタリングを続けることで、食事量と運動量のバランスを見ることができ、体重を増やすために食事にも意識を向けることができました。

ハリが強い日は時間をかけてストレッチをする、脈拍の高い日は水分をしっかりとって早めに休むなどの対策がとれました。

西川遥輝選手　　中島卓也選手

野球少年を応援したい お母さんのQにお答えします

Q 子どもが少食。無理やりでも食べさせたほうがいい?

A まずは楽しく食べることを大切にしましょう

私たちは、食べ物から体を作る材料や動かすエネルギー源を得ています。そのため、成長や発育のために食べることは欠かせません。一方で、食事には楽しみやリラックス、リフレッシュといった役割もあります。

選手との会話の中で、「高校生時代に一度にたくさん食べておなかをこわした」、「無理やり食べなくてはいけないことが苦痛だっ

た」といった経験談を聞くことがあります。せっかく食べても、おなかをこわしてしまっては体の中に十分に吸収させることができません。おなかをこわしたり、苦痛に思うほど食べさせたりするよりも、その日にあったことや料理についての会話を楽しみながら、ゆっくりよく噛んで食べるほうがきっと体のためになるはずです。

Q 作りおきのできるレシピを教えてほしい!

A この本では作りおきに向くレシピを紹介しています

この本で紹介したレシピの中で、作りおきに向くメニューをあげたので、ぜひ参考にしてください。なお、作ったものは必ず冷蔵庫

で保存しましょう。ミートソースや鶏むねチャーシューは冷凍もできるので、作っておくと時間がないときの食事作りに役立ちます。

この本で紹介しているおすすめの **作りおき**

 主菜

 鶏肉のミートパスタ(P34)のミートソース

 鶏むねチャーシュー(P44)

 ひじきバーグ(P45)

副菜、汁物

 にんじんシリシリ(P56)

 野菜の南蛮漬け(P59)

 コロコロ野菜のコンソメスープ(P75)

 おすすめの補食を教えてほしい！

 A **食べるシーンや目的、体感に合わせて**
マイベストを見つけましょう

試合や練習に持っていくときにまず気をつけたいのが衛生面。個包装のものや冷蔵が難しい場面では、常温保存できるものが望ましいでしょう。栄養面で考えたときは、運動で消費する糖質や水分を胃腸への負担少なく摂取できるもの、低脂肪で消化のよいものがお

すすめです。増量時など食事回数を増やすときであれば、糖質やたんぱく質を含むものがよいでしょう。食べるシーンや目的はもちろん、食べたときの体感や好みも考慮して、それぞれのマイベストを見つけましょう。

おすすめの補食

糖質補給には
（試合・トレーニング前後の糖質補給、増量時にも）

- 100%果汁ジュース
- エネルギーゼリー
- シリアル
- シリアルバー
- クラッカー
- カップうどん
- 雑炊
- カップスープ
- 果物
- フルーツゼリー
- ベーグル
- 和菓子
- ドライフルーツ
- パン
- ○ じゃがいもチヂミ (P62)
- ○ 切り干し大根の
  もっちりチヂミ (P62)

糖質とたんぱく質の両方を補給するには

- 肉まん
- サンドイッチ
  （卵、ツナ、ハムなど）
- おにぎり（ツナ、鮭）
- ホットサンド
- シリアルつきヨーグルト
- ヨーグルト
  （ドリンクタイプも含む）
- ○ レンジでかぼちゃの
  チーズケーキ風 (P65)
- ○ ごはん de お好み焼き (P77)
- ○ ミキサーいらずの
  フルーツスムージー (P77)

たんぱく質補給には

- ヨーグルト
- チーズ
- 牛乳
- ゆで卵
- サラダチキン
- 魚肉ソーセージ
- プロテインサプリメント
- プロテインバー

● ：市販品
○ ：手作り（本書で紹介）

ちょっぴりメタボが気になる
お父さんのQにお答えします

Q ちょっと気になる糖質制限ダイエット。試してみようかな？

A 糖質だけを極端に減らすのはおすすめできません

最近ブームの糖質制限ダイエットは、ごはん、いも、果物、砂糖など糖質の多い食品を制限する食事法ですが、安易に手を出すのはおすすめできません。ごはんやパン、めん、いも、果物には、日本人に不足しがちな食物繊維が含まれます。また、糖質が減る分おかずの量が増えることになり、食塩を多くとりすぎてしまう心配もあります。長期的にたんぱく質を多めに食べ続けることが健康に及ぼす影響については、まだわかっていないことが多いこともおすすめできない理由です。

ただし、余分にとりすぎた糖質は中性脂肪として体に蓄えられるので、めんと丼物のセットを食べている、甘いジュースをよく飲む、毎日甘いものを食べるという人は、気をつけましょう。

Q 忙しくてなかなか運動できない。日常にとり入れられる運動ってない？

A 日常生活で動く機会を増やしましょう

改めて運動をしようとすると腰が重い……。これが本音かもしれません。そこでおすすめなのは、日常生活の中で動く時間を増やすことです。

たとえば、ランチはいつもよりも少し遠くの店まで歩いていく、1駅前で降りて歩く、エレベーターやエスカレーターを使わずに階段で移動するなど。子育てや家事に参加するのも活動量アップに役立ちます。できるだけ座っている時間やゴロゴロタイムを減らすように心がけてみましょう。

また、P118〜119のとおり、スタジアムなどでのスポーツ観戦は、自宅でのテレビ観戦よりも体を動かす機会が増えます。スポーツは生での観戦がおすすめです。

Q 明日はゴルフ。気をつけることは？

A 朝食を食べ、水分補給とアルコール摂取に注意

気をつけてほしいのは、水分摂取。最低でもコップ1杯程度の水分を飲んでから家を出て、移動中やゴルフ場に到着してからもコップ1杯程度の水分をとると安心です。このときの水分は、水やお茶など飲みやすいものを選びましょう。

また、朝ごはんを食べると、運動をするためのエネルギー源になるだけでなく、水分をとることもできます。移動中やゴルフ場に到着してからでもよいので、ぜひ朝ごはんを食べてください。

気温の高い日や、汗をよくかくときなどのプレー中は、効率よく水分を摂取するために、塩分と糖分を含み、5～10℃に冷えた飲み物を何回かに分けて飲むのがおすすめです。スポーツドリンクを飲むような気温や、多く汗をかく日のアルコール摂取は、脱水を促します。前日やプレー中の昼食時にお酒を飲むのは避けるのが賢明です。

夏のゴルフでは水分摂取を忘れずに

家	ゴルフ場	プレー中
朝食+水分	水分	冷水またはスポーツドリンク

昼食時のアルコールは要注意！

Q 外食が多いとき、何をどんなふうに選んだらいいのかな？

A 選ぶ食材と調理法、アルコールに注意しましょう

外食メニューにも栄養表示をしている店が増えてきたので、カロリーの数値にも少し目をとめながら、野菜料理を決めて肉や魚のおかずを選びます。肉は、脂肪の少ない部位のもも、ヒレ、ロースなどを選ぶと、脂肪とカロリーがおさえられます。魚介類は、白身魚や貝、イカ、タコはカロリーをおさえるのに役立ちます。「脂がのっている」、「ジューシー」といった表現のものは、食べる量をおさえましょう。調理法は、揚げ物、炒め物（特にあんかけ）は脂肪が多くなりがちなので、これ

らを重ねて注文しないようにしましょう。カロリーを気にしている人こそ積極的に料理選びに参加するようにしたいものです。

アルコールは、ビール中ジョッキ1杯で約200kcal＝ごはん1杯弱。ごはん3杯は食べないけれどビール3杯くらいは……なんて人も多いでしょう。外食が多くなるときほど、アルコールの量には気をつけましょう。

ビール中ジョッキ1杯 ＝ ごはん1杯弱

甲子園を目指す高校球児

お兄ちゃんのQにお答えします

Q 水分補給で気をつけることは？

A 運動時であればスポーツドリンクを飲みましょう

私たちの体は汗をかくことで体温が上昇しすぎないようにコントロールをしているので、汗をかくことはとても大切です。汗の量が多いという自覚があるのなら、運動前後で体重をはかってみましょう。運動前の体重の2%以内におさまるように水分を摂取していれば、汗をたくさんかいても大丈夫です。

汗をかくと水分だけでなくミネラルもいっしょに失われます。これを補給するには、水だけでは不十分なので、長時間の運動時やたくさん汗をかくときは、スポーツドリンクを活用しましょう。特に運動時間が長くなれば、エネルギー源としてスポーツドリンクが有効です。なお、運動前や運動後、日常の水分摂取には、水やお茶で十分です。

食事で気をつけることは、欠食しないこと。汁物や野菜、果物には水分が含まれているので、食事を欠かさずに食べるのも脱水を防ぐポイントです。なお、汗をたくさんかくからといって、濃いめの味つけにする必要はありません。

Q サプリメントを使うときに気をつけることは？

A 栄養素のチェックと、認証マークを確認しましょう

基本的には、食事を一番に考え、サプリメントはあくまでも補助的に使うようにしましょう。選ぶときのポイントは次の2つです。

❶自分の目的と、目的に合わせた栄養素を含む製品であることを確認しましょう。公認スポーツ栄養士や身近な栄養士に相談するのもよい方法です。

❷専門機関で安全性が確認されたアンチドーピングの認証品を選びましょう。

Informed-Choiceは国際的なアンチドーピング認証マーク

※認証マークは2019年7月現在のもの

Q プロテインの役割ってなに？どうやって飲んだらいいの？

A 食事で足りていなければサプリメントを利用します

プロテインは、たんぱく質を補給するためのサプリメントです。サプリメントをとる前に、まず自分のたんぱく質の摂取量が足りているかを確認しましょう。部活でウエイトトレーニングをとり入れている高校生アスリートならば、体重1kgあたり1.5g程度のたんぱく質量が目安です。体重60kgならば、成長期の上乗せ分を含めて99gです。どんな食品にどの程度のたんぱく質量が含まれているかはP39を見て、自分の食べた食事で計算してみましょう。

ちなみに、たんぱく質は一度に多く食べるよりも3回以上の食事に分けてとるとよいです。また、肉や魚、卵、乳製品など動物性の

たんぱく質や、大豆由来のたんぱく質は良質なので、効率よく体作りに活用されます。朝・昼・晩の食事でこれらのいずれかが食事に含まれているかどうかも同時にチェックしましょう。

この計算で不足する、または食事で増やすのが難しいならば、サプリメントで補ってもよいでしょう。プロテインは、ウエイトトレーニングから時間をおかず、また糖質といっしょにとると、効率よく筋肉の材料として活用できます。糖質があらかじめ含まれているプロテインを選ぶ、または水のかわりに100％の果汁ジュースを使ってとかすとよいでしょう。

Q 試合の日の食事で気をつけることは？

A 糖質をしっかりとるのがポイントです

試合中にカギとなるのは、筋肉と肝臓に蓄えた糖質（グリコーゲン）。これらをしっかり蓄えるには、前日の夕食で主食（ごはん、パン、めん）、いも、果物をしっかり食べることです。試合前の食事は、試合開始3時間前くらいには終わらせ、途中で空腹感があれば、エネルギーゼリーや果物、スポーツドリンクで補給します。消化や吸収する力やスピードは個人によって違うので、練習試合などで試して、自分に合う量と内容を見つけてください。

1日に2試合ある場合は、合間にバナナなどの果物、ゼリーやエネルギーゼリー、ひと口サイズのおにぎり、小さめのパン（脂質が

少ないものを選ぶ）を食べましょう。エネルギーゼリーのつもりがビタミン系のゼリーを買ってしまった、という選手をときどき見かけます。買うときは、栄養の表示を見て確認するのを忘れずに。

試合のときは、緊張したり、いつもと違う環境で戦うことも多く、消化・吸収の力がいつもより落ちることや、食欲がわきにくいことをふまえ、よく噛んで食べることも心がけてください。

健康が最大の関心ごと

おじいちゃんおばあちゃんのQにお答えします

Q 高齢者の水分補給で気をつけることは

A のどの渇きを感じる前に、こまめに飲みましょう

年を重ねると、のどの渇きを感じにくくなったり、体内の水分量が減少したり、腎機能が低下したりといった体の変化が見られます。それに加え、トイレに頻繁に行きたくないからと水分摂取を控える人が多く、脱水を起こしやすくなっています。脱水を起こさないためには、水、お茶など自分が飲みやすい水分を少しずつ、こまめに分けて飲むようにしましょう。

Q 筋肉の衰えを防ぎたい！

A 年をとってもたんぱく質は必要です

高齢になると、健康のために肉や魚を控えているといった人も少なくないでしょう。しかし、私たちの体は毎日生まれ変わっており、筋肉、血液、内臓、ホルモンなど体を作るうえでもっとも大切な栄養素がたんぱく質です。

年をとったから控えるのではなく、肉や魚、卵、大豆製品を使った主菜は、年をとることで消化や吸収の力が低下するからこそ、3度の食事で必ず食べてほしいおかずです。

たんぱく質

Q 骨を強くする 食事のポイントを教えてほしい！

A カルシウム、ビタミンD・Kがポイントです

骨に欠かせない栄養素がカルシウム。実は、体には血液中のカルシウム量が一定になるように調節する働きがあり、不足すると骨からカルシウムがとかされて血液中のカルシウムに活用されます。そうならないためには、十分なカルシウム摂取が必要ですが、日本人は残念ながら不足しがちです。効率よくとれる牛乳を飲むのもよいですが、おなかがゴロゴロする人も多いかもしれません。そんな人はヨーグルトやチーズを食べてもよいです。また、大豆製品や青菜にもカルシウムが多く含まれるので、積極的に食べたいものです。

そして、血液中のカルシウムを骨に運ぶビタミンD、骨にカルシウムをくっつけるビタミンKも欠かせない栄養素です。ビタミンDは青背の魚や天日干しのきのこなどに、ビタミンKは納豆、青菜、鶏肉の皮や脂肪に多く含まれます。調理が不要でカルシウムも豊富な納豆やゆでるだけで食べられる青菜は、積極的に食事にとり入れましょう。

カルシウム

ビタミンK

ビタミンD

応援だって立派な運動！

応援別
消費カロリーガイド

球場で口にすることの多い飲食物の
カロリーをご紹介します。
- ビール1杯（500㎖）**200kcal**
- タコ焼き（6個）**270kcal**
- カレーライス（1人分）**780kcal**

球場で応援編

立ってエキサイティングな応援をする
（3.3METs）

1イニング（約20分間）で

 58 kcal

 69 kcal

試合の合間にビールを買いに行く
（昇る8.0METs
降りる・歩く3.0METs）

5分間で

 50kg **15** kcal

60kg **18** kcal

選手タオルを掲げて応援する
（2.5METs）

10分間で

 22 kcal

 26 kcal

がんばれ～

座ってじっくり応援する
（1.5METs）

1イニング
（約20分間）で

50kg **26** kcal

60kg **32** kcal

選手の名前を大声で叫ぶ
（2.5METs）

ハルキー
打てー！

未知数

※選手の名前が長いほど効果が高
いとの噂もあるとか、ないとか

鎌ケ谷スタジアムでラジオ体操をする
（座って2.8METs　立って4.0METs）

1曲（約3分間）で

	座って	立って
50kg	**7** kcal	**10** kcal
60kg	**8** kcal	**12** kcal

ファイターズハミダシ情報 不活動（座りっぱなし、横になりっぱなし）が体によくない、という研究報告が多数あります。じっくり応援派も1イニングに1回を目安に、その場で伸びをする、立ち上がるなどの「動き」を入れるようにしましょう。

ファイターズガールと YMCAをおどる
(2.3METs)

1曲（約2分間）で

50kg **4**kcal

60kg **5**kcal

\ファイターズミニ情報/
5回裏終了後、ファイターズガールがグラウンドに登場。ファイターズガール指導のもと、『Y.M.C.A』の曲に合わせてみんなが一体になっておどる。球場のボルテージは最高潮に。

ファイターズ讃歌を 熱唱する
(1.8METs)

進め
ファイターズ

1曲（約3分間）で

50kg **5**kcal

60kg **6**kcal

\ファイターズミニ情報/
『ファイターズ讃歌』は1974年に制定された歴史ある球団歌。パ・リーグの中では最古という歴史を持つ。鎌ケ谷スタジアムの最寄り駅である鎌ケ谷駅と新鎌ケ谷駅では、発車案内メロディーにこの曲が流れる。

家で応援編

家で口にすることの多い飲食物の
カロリーをご紹介します。
- コーラ（500㎖） **225kcal**
- 枝豆（1人分） **67kcal**
- ピザ（1切れ） **150kcal**

ソファで座って応援する
(1.5METs)

1イニング（約20分間）で

50kg **26**kcal

60kg **32**kcal

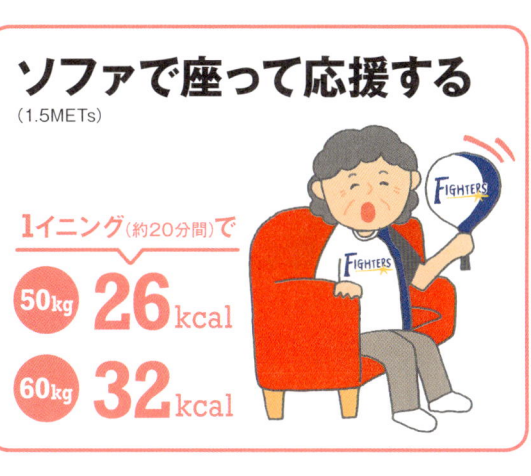

横になって 応援する
(1.0METs)

野球は
9回裏からだ

1イニング（約20分間）で

50kg **18**kcal   **60kg** **22**kcal

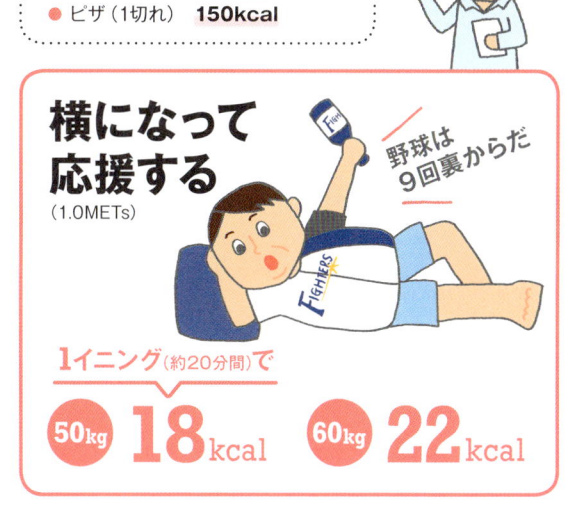

メガホンを叩きながら 応援する
(2.5METs)

いけ、
いけ〜！

1イニング（約20分間）で

50kg **44**kcal

60kg **53**kcal

感動して号泣する

か、かんどうを
ありがと〜！

未知数

※ナイターの場合は、
翌日の目の腫れにご注意

おわりに

本来、食事をする場所は心落ち着く空間であり、仲間や大切な人と共に楽しむ時間です。
ファイターズの選手の皆さんにとっても、野球の合間にプライベートの時間を過ごせる
大切な場所です。今回、そのような中での撮影、取材に快く協力してくださった選手、
球団スタッフの皆様にこの場を借りて心よりお礼申し上げます。
そして、この本を読んで下さった皆様の今日の食事が、大切な時間となりますように。

日本ハム株式会社 中央研究所
食育・栄養研究チーム

2006年より北海道日本ハムファイターズ、2012年よりセレッソ大阪アカデミー
の栄養サポートを行う。現在は4名体制で選手の食生活をサポートするだけでなく、
学校での食育授業、スポーツを行う子どもや保護者、指導者へのセミナーなどの活
動を展開している。

柄澤紀（管理栄養士・公認スポーツ栄養士）
八巻法子（管理栄養士・公認スポーツ栄養士）
中村奈央（管理栄養士）
櫻井郁美（管理栄養士）

編集・執筆	柄澤紀、八巻法子、櫻井郁美 （日本ハム株式会社 中央研究所）
編集協力	荒巻洋子、宮部浩司、編集工房DAL
デザイン	ohmae-d
イラスト	木本直子、横田洋子
調理	大越郷子、坂田絵里子（P37、42ささみのピザ、62、64、65）
料理撮影	菅原史子、森尊弘（P37、42ささみのピザ、62、64、65）
スタイリング	渡辺孝子、坂田絵里子（P37、42ささみのピザ、62、64、65）
写真提供	株式会社北海道日本ハムファイターズ 日本ハム株式会社
協力	株式会社北海道日本ハムファイターズ Links

北海道日本ハムファイターズの
食事術
選手が育つ「食事」の秘密 改訂版

2018年10月25日　初版第1刷発行
2019年9月10日　改訂第1版第1刷発行

著者	日本ハム株式会社
発行者	香川明夫
発行所	女子栄養大学出版部 〒170-8481　東京都豊島区駒込3-24-3 電話　03-3918-5411（営業） 　　　03-3918-5301（編集） ホームページ　http://www.eiyo21.com
振替	00160-3-84647
印刷・製本	凸版印刷株式会社